昭和天皇「よもの海」の謎

平山周吉

新潮選書

昭和天皇「よもの海」の謎　目次

反対」をめぐる昭和天皇と金子堅太郎との暗闘／原田熊雄の単刀直入、木戸幸一の「正確」／湯浅倉平の危惧が昭和十六年秋に顕在化する／『明治天皇紀』の明治三十七年二月四日開戦決定／『明治天皇紀』に「よもの海」がなぜないのか／金子堅太郎の「いじめ」に、三上参次は明治天皇の御製で耐え忍ぶ／支那事変を憂慮する金子堅太郎／西園寺公望の「明治天皇は決して御悧巧な御方ではない」／明治天皇の御親裁ぶり／若き昭和天皇と歴代総理大臣との冷たい緊張感／明治憲法下、天皇には拒否権があった／渡辺幾治郎編修官の「建白書」／『昭和天皇実録』への不安と懸念

第八章　アメリカで蘇える「よもの海」の記憶　173

ホワイトハウスの前で「波風の立ち騒いだ不幸な一時期」／昭和五十年訪米の荘厳たる野外劇場／注目は「私が深く悲しみとする、あの不幸な戦争」に集まる／通訳官・真崎秀樹の「豈朕が志ならむや」の英訳／質問の焦点は日米戦争の開戦責任だった／記者会見場に初めてテレビカメラが入る／「言葉のアヤ」「文学方面はあまり研究していない」／入江侍従長の危惧は皇后さまへの質問だった／茨木のり子の直観の恐ろしさ／最後の靖国参拝記事の小さな扱い／額ずく靖国の遺族の前を御料車はゆるゆると進む／「お年のせいでブレイキがきかなくおなりになった」

昭和天皇「よもの海」の謎

はじめに

昭和天皇の「待った」

皇室にとって、九月六日という日は、特別な日付である。

平成十八（二〇〇六）年のその日には、実に四十一年ぶりに、待望久しい男系男子が、誕生した。秋篠宮家の悠仁《ひさひと》親王である。おそらく、はるか未来の天皇誕生日となるだろうこのおめでたい日付は、亡き昭和天皇にとっても、昭和二十年八月十五日に次ぐ特筆すべき日として、記憶されていた。

昭和十六（一九四一）年九月六日、帝国日本の首脳陣が宮中に集まって、御前会議が開かれた。昭和天皇はその日、列席者の前で、明治天皇の御製《ぎょせい》を読みあげた。

よもの海みなはらからと思ふ世になど波風のたちさわぐらむ

昭和天皇はさらに、この和歌に込められた明治天皇の「平和愛好の御精神」を臣下たちに説いた。アメリカとの戦争が刻々と迫りくる時にあって、この日は、昭和天皇が戦争への流れに「待った」をかけ、「平和」にもっとも近づいた日であった。

それにもかかわらず、わずか三か月後の十二月八日に、日米戦争は始まった。戦争に向かって行く歴史の巨大なうねりは、「上御一人《かみごいちにん》」である昭和天皇が、明治大帝の絶対的権威をかりても、止められなかったのか。明治天皇の和歌「よもの海」の効力は、わずかの間に消え失せてしまったのか。昭和史関係の本を読んでいて、いつもつきまとうのがその疑問である。

その疑問に答えてくれる新聞記事を発見したのは、まったくの偶然であった。わが家の近所の公立図書館に、戦中の朝日新聞の縮刷版（正確にはその復刻版）が置かれていることを知り、昭和十六年の元旦の紙面からページを繰って、ゆっくりと読んでみることにした。戦争へと向かって行く時代を、当時を生きた人々が、どれだけの情報を知らされ、どんな情報は知らされなかったか。時代の空気をかぎながら、その歩みを疑似体験するにはもってこいと思えたからだ。

必ずしも菊のカーテンではなかったが

縮刷版タイムマシーンはなかなか新鮮な体験だった。皇室記事に限っても、その敬語の多さ、たとえば「御七年」などと、何にでも「御」の字がつくこと、御用邸へ行く時の用語は「御心身御鍛練のため」であることなどがわかった。皇室記事は必ず紙面の上部にレイアウトされていること、皇族の動向記事では、乗車予定の列車の時刻などが報道されていること、天皇に拝謁した人たちの名前、時刻などが細かに載っていること等々。必ずしも菊のカーテンに包まれているわ

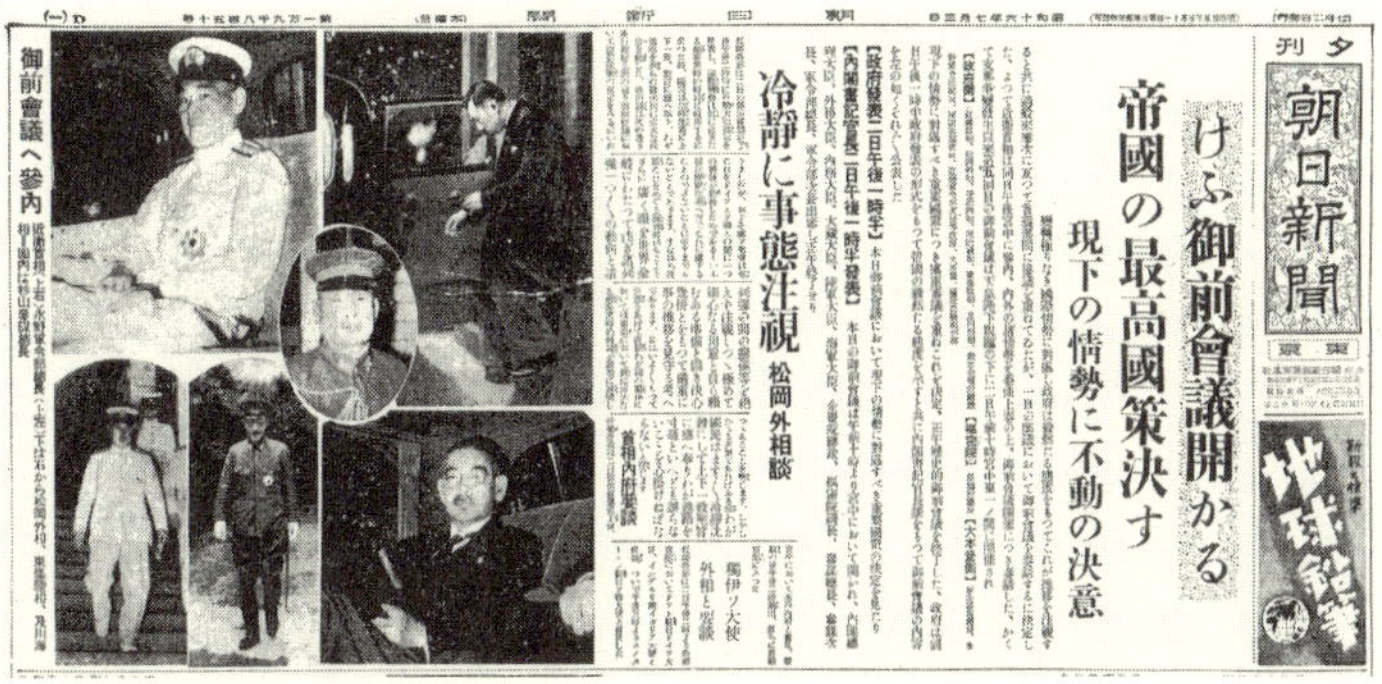
夕刊
朝日新聞
東京
けふ御前會議開かる
帝國の最高國策決す
現下の情勢に不動の決意
冷靜に事態注視 松岡外相談
御前會議へ參内

昭和16年7月2日に行われた御前会議について報じる3日付けの朝日新聞夕刊（発行は7月2日夕）。写真入りで紹介されているのは、近衛首相（上右）、永野軍令部総長（上左）、下は右から松岡外相、東条陸相、及川海相、円内は杉山参謀総長

けでもなかった。

昭和十六年には御前会議は四回開かれている。七月二日、九月六日、十一月五日、十二月一日である。それらは新聞ではいかに伝えられたか。

七月二日の御前会議は、夕刊一面トップで「けふ御前会議開かる　帝国の最高国策決す」と写真入りで大きく扱われている。決定した国策については国家秘密ゆえ掲載禁止だが、出席者の顔ぶれ、午前十時から二時間にわたって宮中で開かれたことなどが政府から発表された。

出席者の中で談話を発表したのは、おしゃべりでメディア大好き人間の松岡洋右《ようすけ》外相だけである。その松岡でさえ、「わが国民はますます冷静沈着にして上下一致、聖旨に応《こた》え奉り、わが進路を寸毫《すんごう》といえども誤らないことを心掛けねばならない」と抽象的発言に終始している。「聖断仰ぐ御前会議」という解説記事では、日清戦役時に三回、日露戦役前後に三回、第一次世界大戦参戦時に一回開催され、支那事変勃発以来では今回が五回目にあたることと、前日に近衛文麿首相が参内して、御前会議開催を奏請《そうせい》した事実が記されている。

九月六日の御前会議からは、一転して、まったく報道されなくなる。新聞の上では、御前会議はなかったことにされた。その九月六日の御前会議の様子が描かれたとおぼしき記事が朝日新聞に載るのは、半年後の昭和十七年三月十日のことであった。「明治天皇御製に／偲び奉る日露役」という見出しのその記事を読み進めていくと、驚くべき事実につきあたる。明治天皇の御製「よもの海」が、われわれがいま考えているのとは別の貌をあらわし、和歌のよみは別の解釈へといざなわれていくのである。この記事がもしも真実であるならば、「よもの海」の三十一文字《みそひともじ》の中に、昭和史の秘密が眠っていることになる。

その記事を紹介する前に、昭和十六年九月六日の歴史的事実とその波紋を、まず確認しておきたい。

第一部　「よもの海」——平和愛好から開戦容認へ

昭和18年時（写真提供：宮内庁）

第一章　「平和」がもっとも近づいた日　昭和十六年九月六日

「聖慮は平和にあらせられるぞ」

「聖慮（天皇陛下の御心）は平和にあらせられるぞ」

宮中での御前会議が終わり、陸軍省に戻ってきた東条英機陸軍大臣が、緊張した面持ちで、部下たちに告げたのは、九月六日の昼過ぎのことだった。

この日、政府と軍部の主要メンバー十五人が午前十時に宮中の東一の間に参集し、昭和天皇の臨席を仰ぎ、天皇の御前で、国家の最重要国策である「帝国国策遂行要領」を決定した。御前会議は、ふつうならば、なんの波乱もなく粛々と議事が進行し、ご裁可となる。

それがこの日は違った。会議のおわりかけに、突然、昭和天皇が発言をもとめた。異例のこと、というよりも、あってはならないことだった。昭和の御代になってからの御前会議は、暗黙のルールとして、天皇はいっさい言葉を発せず、「君臨すれども統治せず」という英国流立憲君主の姿と権威を顕現し、英知を結集した臣下たちの国策をご嘉納になる場であったからだ。

「帝国国策遂行要領」の要点は次の三つである。

昭和天皇の肉声による昭和十六年九月五日

近衛文麿

東条英機

一、自存自衛をまっとうするため、対米英戦争を辞せざる決意の下に、十月下旬をめどに戦争準備を完成する

二、戦争準備に併行して、米英に対して外交の手段を尽くし、我が国の要求貫徹に努める

三、十月上旬頃になってもその要求が貫徹し得る目途なき場合は、直ちに対米英開戦を決意する

(別紙として、外交交渉で譲歩できる条件が記され、事実上外交の足枷となる高いハードルが列挙されている)

話の順序として、御前会議前日にさかのぼる。総理大臣の近衛文麿が翌日の御前会議の議案「帝国国策遂行要領」を持参し、説明申上げるために天皇に拝謁した。

その日のことを、昭和天皇の肉声でまず聞いてみたい。昭和天皇の『昭和天皇独白録』は終戦の翌年、昭和二十一年三月から四月にかけて、「大東亜戦争の遠因、近因、経過及終戦の事情等に付、聖上陛下の御記憶を」自ら側近たちに語った記録である。

午後五時頃近衛が来て明日開かれる御前会議の案を見せた。之を見ると意外にも第一に戦争の決意、第二に対米交渉の継続、第三に十月上旬頃に至るも交渉の纏らざる場合は開戦を決意すとなっている。之では戦争が主で交渉は従であるから、私は近衛に対し、交渉に重点を置く案に改めんことを要求したが、近衛はそれは不可能ですと云って承知しなかった。

私は軍が斯様《かよう》に出師《すいし》準備を進めているとは思って居なかった。近衛はそれでは、両総長を呼んで納得の行く迄尋ねたら、と云うので、急に両人を呼んで、近衛も同席して一時間許《ばか》り話した。

急遽呼ばれた「両総長」とは、陸軍の作戦責任者である参謀総長・杉山元《はじめ》（陸軍大将）と、海軍の作戦責任者である軍令部総長・永野修身《おさみ》（海軍大将）である。大日本帝国憲法第十一条に「天皇は陸海軍を統帥《とうすい》す」とある。二人は大元帥である天皇に直属する陸海軍の統帥（作戦）責任者であり、陸軍大臣、海軍大臣を経験したこともある軍の重鎮であった。

この九月五日と翌六日の重要なシーンについては、昭和天皇、近衛首相、杉山参謀総長の三人がまとまった記録をそれぞれに残していて、ディテールは微妙にちがう。その差異は必要が生じ

杉山元

永野修身

るたびに検討することにして先に進める。

　この時四十九歳の近衛文麿公爵は平安時代以来の名門貴族で、天皇陛下に次ぐ権威をもち、「関白」と呼ばれていた。「天が二物を与えた」としか思えない期待の星だった。百八十センチの長身で花柳界で浮き名を流し、国民には絶大な人気があり、近衛内閣はすでに第三次に入っていた。非自民政権の首相となった細川護熙《もりひろ》は近衛の外孫である。

　近衛文麿は終戦の年の十二月、巣鴨プリズン出頭の直前に荻窪の荻外荘《てきがいそう》で自決した。遺書の如くに残されていた「近衛手記」は朝日新聞にすぐさま連載され、大きな反響を呼ぶ。開戦までの経緯が国政の責任者自らの手で詳細に記されていたからだ。屈辱的な敗戦につながる大日本帝国の開戦への意思決定過程を、国民は「近衛手記」で初めて詳しく知ることになった。

「近衛手記」は昭和天皇の元には、近衛の遺書とともに届けられた。臣下として当然ともいえるが、その内容からすればかなり挑戦的な行為とも言えよう。手記を読んだ天皇は、側近にただ一言、「近衛は自分にだけ都合のよいことを言っているね」と感想を洩らした。

しかし『独白録』では、「この事【昭和十六年九月五日の会談内容】は朝日新聞の近衛の手記に書いてある事が大体正確で、この時も近衛は、案の第一と第二との順序を取替える事は絶対に不可能ですと云った」とあるので、「大体正確」な近衛手記に即してシーンを再現する。

昭和天皇の「戦争が主で、外交が従」になっているという疑問に対し、杉山と永野は「あくまでも外交交渉をおこない、それでも纏らない場合に戦争準備にとりかかるという趣旨です」と近衛と同じように奉答した。このあとの問答が広く人口に膾炙《かいしゃ》している。

続いて陛下は杉山参謀総長に対し、「日米事起らば、陸軍としては幾許《いくばく》の期間に片付ける確信ありや」と仰せられ、総長は「南洋方面だけは三ヶ月位にて片付けるつもりであります」と奉答した。陸下は更に総長に向わせられ、「汝は支那事変勃発当時の陸相なり。其時陸相として、『事変は一ヶ月位にて片付く』と申せしことを記憶す。然るに四ヶ年の長きにわたり未だ片付かんではないか」と仰せられ、総長は恐懼《きょうく》して、支那は奥地が開けて居り予定通り作戦し得ざりし事情をくどくどと弁明申上げた処、陛下は励声一番、総長に対せられ「支那の奥地が広いと云うなら、太平洋はなお広いではないか。如何なる確信あって三ヶ月と申すか」と仰せられ、総長は唯頭《こうべ》を垂れて答うるを得ず、此時【永野】軍令部総長助け舟を出し、「統帥部として大局より申上げます。今日、日米の関係を病人に例えれば、手術をするかしないかの瀬戸際に来て居ります。手術をしないでこのままにしておけば、段々衰弱してしまう処があります。

手術をすれば非常な危険があるが助かる望みもないではない。その場合、思い切って手術をするかどうかという段階であるかと考えられます。統帥部としてはあくまで外交交渉の成立を希望しますが、不成立の場合には思い切って手術をしなければならんと存じます。此の意味でこの議案に賛成致して居るのであります」と申上げた処、陛下は重ねて「統帥部は今日の処外交に重点をおく主旨と解するが、その通りか」と念を押させられ、両総長共其通りなる旨奉答した。

かくて昭和天皇は一旦納得して、明日六日に予定通り御前会議を開催することが許された。それでも昭和天皇の日米戦争への不安は収まらなかったのであろう。一夜明けての御前会議の終盤近くになって、沈黙を破って、杉山元と永野修身にもう一度存念をただす挙に出る。

御前会議の出席者たち

御前会議は途中までは粛々と進行していた。出席者は、昭和天皇を中央にして、内閣側から七人、統帥部から四人、枢密院から一人、事務方が幹事役の三人、すべてで十五人である。

・近衛文麿首相――公爵。四十九歳。昭和十二年の支那事変勃発時の首相。昭和十五年に再び組閣。昭和十六年七月には、総辞職し、松岡外相などをはずして、第三次の内閣になっている。南部仏印進駐で日本は英米蘭から資産凍結と石油禁輸の措置をとられジリ貧となる恐れがある。日米関係は危機的状況にあるが、近衛はルーズヴェルト大統領と太平洋上で日米会談を行ない、打開したいと希望をつないでいる。昭和二十年十二月に自決。
・東条英機陸相――陸軍中将。五十六歳。東京裁判で絞首刑。
・及川古志郎《こしろう》海相――海軍大将。五十八歳。昭和天皇の皇太子時代に東宮《とうぐう》武官、侍従武官を七年間務め、大正十年の御外遊にも供奉《ぐぶ》。温和な文人肌で、漢籍を愛す。給料のほとんどは丸善の支払いに消えたという逸話もある。盛岡中学時代は恋愛論を演説する文学青年で、後輩の石川啄木にとってあこがれの先輩だった。歴史探偵の半藤一利の推理では、啄木の短歌「友がみなわれよりえらく見ゆる日よ／花を買い来て／妻としたしむ」の「友」とは及川である。
・豊田貞次郎《ていじろう》外相――予備役海軍大将。五十六歳。海軍次官、商工大臣をそつなくこなしたやり手の提督である。海外駐在が長い知米派。駐米大使の野村吉三郎も予備役海軍大将である。
・小倉正恆《おぐらまさつね》蔵相――前住友本社総理事。六十六歳。内務省を早くにやめて住友へ。関西財閥の総帥。かたわら漢詩をよくし、儒学を奉じる東洋型教養人。修養団運動を通じて平沼騏一郎《きいちろう》と親しい。住友はただ一人の元老だった西園寺公望《きんもち》とその政治秘書役・原田熊雄のスポンサーだった。
・田辺治通《はるみち》内相――逓信官僚出身。六十二歳。平沼騏一郎内閣で内閣書記官長、逓信《ていしん》大臣を歴任。やはり平沼に近い。
・鈴木貞一企画院総裁（国務相）――予備役陸軍中将。五十二歳。経済・数字に強い軍人として要職を歴任のやり手。東条内閣にも留任し、日米開戦か否かを決定する際、物資を把握する立場から、開戦決定に大きく関与した。東京裁判で終身禁固刑の判決を受ける。
以上が内閣側である。そのうち東条と及川が現役の軍人である。

統帥部の四人はもちろん全員が現役の軍人である。

・杉山元参謀総長——陸軍大将。六十一歳。日露戦争に従軍して負傷し、後遺症が顔面に残る。すでに教育総監、陸相、北支那派遣軍司令官を歴任。東条が昭和十九年に参謀総長を兼任するまで、約四年間、参謀総長として陸軍作戦の陣頭に立つ。「便所のドア」「グズ元」などのあだ名があり、部下まかせの面が強い。昭和二十年九月に自決。

・永野修身軍令部総長——海軍大将。六十一歳。日露戦争の旅順攻撃でロシア艦隊砲撃で殊勲を立てる。ロンドン軍縮会議代表、海相、聯合《れんごう》艦隊司令長官などを歴任。重要会議の席でも寝ていることで有名。東京裁判中に病死。

・塚田攻《おさむ》参謀次長——陸軍中将。五十五歳。杉山参謀総長の部下。開戦強硬派。昭和十七年十二月に飛行機事故で戦死。

・伊藤整一軍令部次長——海軍少将。五十一歳。永野軍令部総長の部下。アメリカ駐在が長い。軍令部次長にはまだ就任早々で、事情に精通していない。昭和二十年四月、第二艦隊司令長官として海上特攻の責任者となる。戦艦大和沈没時には退艦せずに従容として大和と運命を共にする。

事務方から幹事役三人。事務方といっても実力者である。

・富田健治内閣書記官長——現在の内閣官房長官にあたる。四十三歳。内務官僚出身で、治安を担当する内務省警保局長、長野県知事をへて、第二次近衛内閣から首相の女房役の内閣書記官長となる。

・武藤章陸軍省軍務局長——陸軍少将。四十八歳。東条陸相の部下。陸軍きっての政治軍人といわれる実力者。支那事変時には対支強硬派、昭和十六年時点では宗旨替えして陸軍中堅層の多数を占める強硬派の抑え役。東京裁判で絞首刑。

・岡敬純《たかずみ》海軍省軍務局長——海軍少将。五十一歳。及川海相の部下。対米避戦の立場で、陸軍強硬派からは恨まれている。当時としては珍しく独身。東京裁判で終身禁固刑の判決を受ける。

残る一人が天皇の諮問機関である枢密院の議長である。

・原嘉道《よしみち》——慶応三年生まれの七十四歳。体制に批判的な弁護士だったが、田中義一内閣の法相として治安維持法改正に尽力。東京弁護士会会長、中央大学学長などを歴任。相撲通。平沼騏一郎に近い。昭和十九年に歿する。息子の植物学者原寛（東大教授）は昭和天皇の生物学研究のお相手となる。

原は出席者の中では最年長の七十四歳、最年少は四十歳の昭和天皇である。御前会議は、慣例として、枢密院議長が質問役となり、天皇陛下に代わって、疑問点をただし、議案を了解する役目を負う。

懐中より取り出した明治天皇の御製「よもの海」

この日も原枢密院議長が矢継ぎ早に質問をくり出し、疑念は氷解し、これで一安心と、原はその日の結論を述べた。その部分は、杉山参謀総長の口述記録「杉山メモ」から抽出する。

「杉山メモ」は重要会議終了直後に、杉山が会議の内容を口述し、部下が公式書類としたものである。杉山が昭和十年代後半はほとんど中央の重職に就いていたこともあり、昭和史の最重要文献とみなされている。こうした機密書類は昭和二十年八月の降伏時に証拠隠滅のため焼却処分され、官庁街にはその煙が黒く立ちのぼったといわれる。「杉山メモ」は幸いにも秘かに保管されて、焼却を免れ、防衛庁などの戦史に活用され、昭和四十二年にすべてが活字化された。

「杉山メモ」によると、原議長は「戦争が主で外交が従と見えるが、外交に努力をして万已むをえない時に戦争をするものと解釈をする」と、天皇の懸念を払拭すべく、あらためて念を押した。

及川海相が立ち上がって「第一項の戦争準備と第二項の外交とは軽重なし。而《しこう》して第三項の目途なき場合には戦争の決意迄行うと云うのである。而し之を決意するのは廟議《びょうぎ》で允裁《いんさい》を戴くこととなる」と答えた。最後の一文は、期限が来ても自動的に戦争を開始するのではなく、戦争を開始するか否かは、もう一度会議をした上で「允裁をいただく」(軍事上の裁可を仰ぐこと)、つまり本日の決定では直接的には戦争に結びつかないことを強調した答弁である。

原議長は「本案は政府統帥部の連絡会議で定まりし事故《ゆえ》、統帥部も海軍大臣の答と同じと信じて自分は安心致しました」「どうか本案の御裁定になったら首相の訪米使命【ルーズヴェルト米大統領と太平洋上で会談し、険悪化した日米関係を一気に好転させるのが近衛首相の目論見だった】に適する様に、且日米関係の最悪の事態を免るる様御協力を願う」としめくくった。

いつもならこれで終わりである。議事は台本通りに進行して、国家の行く末は安泰、大日本帝国の曇りなき未来がまた保証された、ということになったであろう。

しかし、天皇は、原議長の確認に、及川だけが答え、杉山と永野の二人がだんまりを決め込んだことが不満だった。この場面は、「近衛手記」から引く。

然《しか》るに、陛下は突如御発言あらせられ、「只今の原枢相の質問は洵《まこと》に尤《もっと》もと思う。之に対して統帥部が何等《なんら》答えないのは甚だ遺憾である」とて御懐中より明治天皇の御製

よもの海みなはらからと思ふ世になど波風のたちさわぐらむ

を記したる紙片を御取出しになりて之を御読み上げになり、「朕《ちん》は常にこの御製を拝誦して、故大帝の平和愛好の御精神を紹述せんと努めて居るものである」と仰せられた。理路整然、暫くは一言も発する者なし、軈《やが》て永野軍令部総長立ち、曰《いわ》く「統帥部に対する御咎《とが》めは恐懼に堪えません、実は先程海軍大臣が答弁致しましたのは、政府、統帥部双方を代表したものと存じ独決して居りました次第であります。統帥部としても勿論海軍大臣のお答え致したる通り外交を主とし、万已むを得ざる場合戦争に訴うるという趣旨に変りはございません」と答えた。かくて御前会議は未曾有の緊張裡に散会した。

天皇のお言葉が絶大な権威を発揮したことは、この近衛手記からも明らかである。その場の凍りついた空気と、「恐懼」という言葉が文字通りあてはまる情景は、「杉山メモ」からも伝わってくる。

直接「遺憾なり」とのお言葉ありしは恐懼の至なり。恐察するに極力外交により目的達成に努力すべき御思召《おぼしめし》なることは明なり。又統帥部が何か戦争を主とすることを考え居るにあらずや

とお考えかとも拝察せらるる節なしとせず

引用の前半部はひたすら恐懼だが、後半にいたって陛下は邪推されているのではないかと不満な口吻《こうふん》が感じられる。事実は昭和天皇の洞察のほうが正しく、海軍軍令部はともかく、杉山の陸軍参謀本部は戦争をやる気満々であった。

言及されなくなる「よもの海」

昭和天皇があえて発せられた「聖慮」を整理すると、以下のようになる。

① 政府と統帥部で一致した「帝国国策遂行要領」は認める
② ただし、あくまで外交に全力を注げ
③ 明治大帝の「平和」への強い思い、それが私の心だ

立憲君主として政府と統帥部で一致して決定したことには、もし反対であっても反対しない。昭和天皇は立憲君主制の原則をつねに堅持していた。そのことは『独白録』や戦後の記者会見などでことあるごとに強調している。であるから、政府と統帥部が一致してもってきた国策について、不満ではあるが反対しない（①）。十月上旬まで当面は、外交に全力をあげよ（②）。何よりも、アメリカと戦争をしてはいけない。それは明治天皇の御精神である（③）。

この中で②は期限が切られているから、一ヶ月半後には賞味期限が切れる。①は国策として裁可されたのだからずっと有効である。ところが、十月中旬に近衛内閣が総辞職となり、次の東条内閣ができるとき、いわゆる「白紙還元の御諚《ごじょう》」なるものが出され、その時点で①も賞味期限切れとされて、消滅することになった。①も②も無効になると、③だけが明治天皇の御威光とともに永遠に生き続けるはずだ。

ところが、そうはならなかった。むしろ資料類を読み漁っていると、「よもの海」の御製は、不思議なほど言及がされなくなってしまう。波がひき、風がおさまるように、すーっと影響力を失っているように感じられる。「聖慮は平和にあらせられるぞ」と叫んだ東条英機にしてからが、陸相として閣議や会談に臨むと、金科玉条に振りかざすのは、①と②であって、③はスルーである。「十月中旬が迫っている」「九月六日の決定がある」と言いつのって譲らない。③の「平和愛好の御精神」のことなど、すっかり忘れてしまったかの如くなのだ。忠誠心に熱く、それ故に昭和天皇からの信頼も篤い東条にしてからが、そんな具合なのである。

それでは、御前会議の場でわざわざ読みあげられた「よもの海」とは、いかなる御製だったのだろうか。

第二章　御製は大御心である

一日に四十首を詠んだ日露戦争時の明治天皇

明治天皇は十万首以上の歌をつくった多作の歌人だった。御製「よもの海」はいまでこそ有名である。かくいう私が暗誦できる明治天皇の御製はこの一首のみでしかない。では、戦前の人々がどの程度知っていたかとなると、よくわからない。

明治天皇の浩瀚《こうかん》な公式伝記『明治天皇紀』は、明治百年を記念して昭和四十三（一九六八）年から初めて活字化された（全十二巻・索引一巻）。その中には明治天皇の和歌がエピソードもまじえて百五十一首収録されている。しかし、その中に「よもの海」はない。

私の手元にある「宮内省御許可」の袖珍本『明治天皇御集　昭憲皇太后御集』（内外書房、昭和四年刊、定価五十銭）には、時代順に千六百八十七首の明治天皇の御製が収録されていて、その中にはもちろん「よもの海」が含まれている。

明治三十七（一九〇四）年の御製だから、日露戦争の始まった年に詠まれたものである。その年は、毎日毎日四十首を詠んでいたので、一年間に約一万首もがつくられた。日露戦争を詠んだ

歌としては、

子らは皆いくさのにはに出で果てて翁やひとり山田もるらむ

国をおもふ道に二つはなかりけり軍《いくさ》のにはに立つも立たぬも

といった、銃後の民や兵士を思いやった御製がよく知られていた。「よもの海」は戦争の気配を憂い、平和への祈りを込めた歌で、日露戦争当時の燃えたぎる国民感情とはかけ離れている。

御前会議の列席者たちが、この御製を記憶していたかどうかも疑問である。というのも、「杉山メモ」には「四方の海皆同胞と思ふ代になどあだ波の立騒ぐらむ」と漢字仮名の表記が違うだけでなく、第四句の「波風」が「あだ波」と記載されているからだ。

近衛手記は昭和二十一年に何種類かが、ほぼ同時に刊行された。朝日新聞社刊の『失われし政治』（五月刊）は正しい表記になっているが、日本電報通信社刊の『平和への努力』（四月刊）では「四方の海みな同胞と思ふ世になどあだ波の立ちさわぐらむ」と、これも「波風」ではなく「あだ波」と表記されているのだ。

では、昭和天皇は、いつからなぜこのお歌を拝誦していたのだろうか。

「よもの海」の特筆すべき点は、国内よりも、むしろ海外で有名になった御製であるということだ。明治天皇崩御直後の雑誌や末松謙澄《けんちょう》『明治両陛下聖徳記　修養宝鑑』（大正八年）には、米大統領セオドア・ルーズヴェルトがこの和歌に感激してポーツマス会議の開催を斡旋したという逸話が出てくる。

昭和天皇の身近には、御製「よもの海」がアメリカに紹介されるのに直接間接に係わった人物が偶然二人もいた。その一人は、海軍大将で、昭和十六年当時には大日本相撲協会の会長となっていた竹下勇、もう一人は、歌人で、昭和十六年当時に御歌所寄人《おうたどころよりうど》で、新年歌御会始《うたごかいはじめ》の点者《てんじゃ》（選者）でもある千葉胤明《たねあき》である

欧州巡遊の際の竹下勇との君臣関係

竹下勇といっても、今は知る人もほとんどいないだろう。日露戦争の軍神・広瀬武夫とは海軍兵学校同期の一番の親友で、日露戦争時にはワシントンにある日本公使館の駐在武官だった。

竹下勇の昭和天皇とのご縁は深い。大正三（一九一四）年に、竹下が東宮御学問所《とうぐうおがくもんじょ》の評議員に任命されたことに始まる。東宮御学問所は、帝王学の教育機関として高輪につくられた生徒数わずか六人の「天皇の学校」である。日露戦争の国民的英雄である東郷平八郎元帥が総裁をつとめた。東宮御学問所を了えた大正十年、満二十歳の皇太子は欧州巡遊に旅立つ。帝王学の総仕上げである。竹下はその時五十一歳の海軍中将で、ジュネーブの国際連盟海軍代表の職にあったが、四月三十日から七月二十三日まで、随員としてヨーロッパ各地に同行し、文字通り御側近くに仕えている。

竹下勇

「自分の花は欧州訪問の時だったと思う」と昭和天皇は述懐している。その発言は、開戦から一年が経

大正10年５月15日、欧州巡遊の一環としてロンドン郊外のロイド・ジョージ英国首相の別荘を訪れた若き日の昭和天皇

過し、戦局に陰りがみえてきた昭和十七年十二月、伊勢神宮参拝の折りに、随行した側近たちに洩らしたものだ。戦後もたびたび、その発言は繰り返された。宮廷という籠の中を出て、自由に快活にふるまうことができ、未来の君主としての自覚と自信をもてたあの頃。青年らしい笑顔が、欧州滞在中の写真には驚くほどにたくさん溢れている。

竹下家の資金援助によって刊行された『海軍の外交官　竹下勇日記』（波多野勝・黒沢文貴・斎藤聖二・桜井良樹編）に、その日々が詳しく記されている。以下の竹下についての記述はその日記と編者たちの解説に拠っている。

竹下は公式行事、第一次世界大戦の戦跡巡りはもちろんのこと、初めての芝居見物や映画撮影所見学、水族館巡りに同行し、余暇にはゴルフ、ブリッジなどのお相手を頻繁につとめている。パリでは「是から竹下の家を見ようか」と親しく言われ、「他の関係をも顧慮し御遠慮申上げたり。御心持丈にても感泣の至りなり。子々孫々此有難《ありがたき》思召を忘れてはならず」と、六月二日の日記にはある。

君臣の関係はそうしたことにとどまらず、諫言、教訓をも言上《ごんじょう》している。五月四日の日記。

「今夕閑院宮《かんいんのみや》殿下と珍田伯と三人にて殿下を戒しむるところあり。伯涙を流して言上、予も諫言を言上、能《よ》く御嘉納あらせらる。難有《ありがた》き事なり。夕食事殿下少々閉口せらる」

これはエチケットの講義の後なので、テーブルマナーができていないことへの注意であろう。閑院宮とは、補導役として同行した閑院宮載仁《ことひと》親王（元帥、陸軍大将）、珍田伯とは、帰国後に侍従長となる外交官の珍田捨巳伯爵である。

続いて、帰国が近くなった七月二十一日の朝食後。「今回の御巡遊に就ての教訓になるべき件を種々御物談申上げ、御嘉納あらせられ、大《おおい》に面目をほどこし覚えず感泣せり」

欧州で築かれた君臣の絆は帰国後も固く、食事、ゴルフ、ブリッジのお相手をしばしば務めている。聯合艦隊司令長官、軍事参議官を歴任して予備役編入後は、昭和天皇の義兄にあたる久邇《くにの》宮朝融王《みやあさあきらおう》の補導役を仰せつかった。この皇后陛下の兄上は婚約解消を勝手にやったりする皇室の中の破天荒な問題児だった。

昭和十一年八月には葉山の御用邸を訪ね、英米との親善について進言をしているという。

セオドア・ルーズヴェルト大統領が感激した「よもの海」

竹下のアメリカとの関係は、明治三十五年に駐米公使館付武官に任命されたことに始まる。それから三年余、ちょうど日露戦争の時期を、まるまるワシントンとポーツマスで勤務するのだ。竹下のユニークなところは、海軍少佐の一武官にもかかわらず、ホワイトハウスに木戸御免で自由に出入りできたことだ。時の大統領セオドア・ルーズヴェルトの懐ろに入り込んでしまったからだ。

その仲をとりもったのは柔道だった。講道館での柔道仲間だった山下義韶《よしつぐ》六段がワシントン入りした時に同行し、大統領に柔道を勧めた。大統領はホワイトハウスの図書室にマットを敷いて稽古に励む。「大統領は日本が戦争に於て非常に強いのは何か原因があるに違いないと考えたらしく親しく日本人を研究する好奇心も手伝って稽古を始め」た。大統領は英訳で「忠臣蔵」を読んでいて、四人の息子たちにも読ませている。といってルーズヴェルトが単なる日本贔屓だったのではない。ジョージ・アキタの『大国日本　アメリカの脅威と挑戦』によると、日露開戦の二年前、息子への手紙で、「日本の軍部はわが国と戦いを交えたいと思っている。日本の軍隊はカリフォルニアに上陸するであろう」と警戒の念を記し、財務長官には西海岸のサンフランシスコにある金塊を内陸部のデンバーに移すように勧告している。

ルーズヴェルト大統領の日露戦争観を竹下は直接聞いている。「日露戦争は忠臣蔵を大規模にしたようなものである。日本人は侮辱を受けると必ず復讐する。日露戦争の抑々《そもそも》の原因は日清戦争後の三国干渉に在る。そこで十年一剣を磨いて日本人が起ったのが日露戦争であり、此の精神は全部忠臣蔵に表れて居る」。

ルーズヴェルト大統領が日露の講和を斡旋するポーツマス会談を開く伏線はここにあった。日露開戦直後、日本に好意的な世論作りのためアメリカに送り込まれたのが金子堅太郎であり、金子はルーズヴェルトとはハーバード大学の同窓生という線から人選されていたが、二人はそんなに親しいわけではなかった。金子に大統領との面会を仲介したのは、実は竹下であった。

ここでやっと「よもの海」に話がつながる。ルーズヴェルトは、「忠臣蔵」だけでなく、英訳された「よもの海」を知って感激したという逸話が残っているからだ。

明治三十八年はじめに『Imperial Songs』という英語の本が出版された。「皇室和歌集」とでも訳せばいいのだろうか。唐草模様を配した紫色の布装の豪華本である。とびらには菊の御紋章が描かれ、百六十ページの本文に、明治天皇の十四首の御製と、皇后、皇太子、皇族、女官などの歌、計百四十六首を英訳したものだ。その中に「よもの海」が入っていた。

訳者のアーサー・ロイドは宣教師として来日し、慶応義塾、海軍兵学校などで英語を教え、立教の総理（総長）を務め、この時点では、ラフカディオ・ハーン（小泉八雲）の後任として、東京帝国大学の英文学講師となっていた。同僚には「吾輩は猫である」で小説を書き始めた夏目金之助（漱石）講師がいる。

訳者序文によると、まず日本の皇室がいかにユニークな存在であるかが説明される。古代から連綿と世襲され（征服と交替を繰り返した西洋の王室とは違うと暗示している）、争いごととは無関係で寛容な皇室は、国民みなから敬愛されている。今上《きんじょう》天皇（明治天皇）は慈悲深く、国父として平和に国を治めてきた。その日本の皇室をよく知ってもらうために、訳したとある。翻訳を勧めたのはマクドナルド夫人とあり、これは駐日英国公使マクドナルドの夫人だろうから、ロシアに対抗するための日英同盟の絆から発想されたのだろうか。

訳者序文にはその他に、カガワ子爵（香川敬三）、宮内官僚）、ミヤケ（三宅康寧）男爵夫妻、キタサト貴族院議員らへの感謝のことばもある。編集にあたっては、タカサキ男爵（高崎正風）から未発表の御製の提供を受けている。高崎正風は幕末の薩摩藩の志士であり、明治九年からずっと明治天皇の歌道の師として、身近に仕えている。この英訳和歌集の出版には、宮中が全面協力したということがよくわかる。『Imperial Songs』は文化外交の重責を担って、海外諸国に送り出されたわけだ。

翻訳には東京帝大のルースの教え子マツウラ（後に中央大学教授となる松浦一）が全面的に協力している。

英語に「超訳」された「よもの海」

ルーズヴェルト大統領を感動させた「よもの海」の三十一文字は、六行の英語詩になっている。

My heart's at peace with all, and fain would I
Live, as I love, in peace and brotherhood:
And yet the storm-clouds lower, the rising wind
Stirs up the waves, the elemental strife
Rages around. I do not understand
Why this should be. Tis plainly not our fault.

収録の和歌のうち、日露戦争を詠んだ「よもの海」と「子らは皆いくさのにはに出で果てて翁やひとり山田もるらむ」の二首は「原詩の意味をはっきりさせるためにいくらか拡大解釈している」と注釈がついている。今風にいえば「超訳」である。たしかに最後の「Tis plainly not our fault.」（これは明白に私たちの過ちでない）は、もとの和歌にはないフレーズである。

そこで、英語ネイティブの女性に、この歌をめぐる歴史的事情を一切伝えずに、この英詩を日本語に訳してもらってみた。以下の通りである。

私は平和な心を尊重し、同胞に敬意の念をはらい、安心して人生を歩みたい
まさに動乱の前兆が見られる
一度起これればその動きは大きなうねりとなるだろう
そうなれば戦争は避けられない
こうあるべきではないが、私たちにはどうにもできない

英詩が伝えているのは、けっして望んでいない戦争への予感であり、何よりも平和を愛する皇帝像であろう。

資料の上では確認できていないが、この御製について、大統領と竹下勇少佐がホワイトハウスかポーツマスで語り合ったことは確実であろう。またその昔語りを竹下が昭和天皇に親しくお話し申し上げてもいたことだろう。

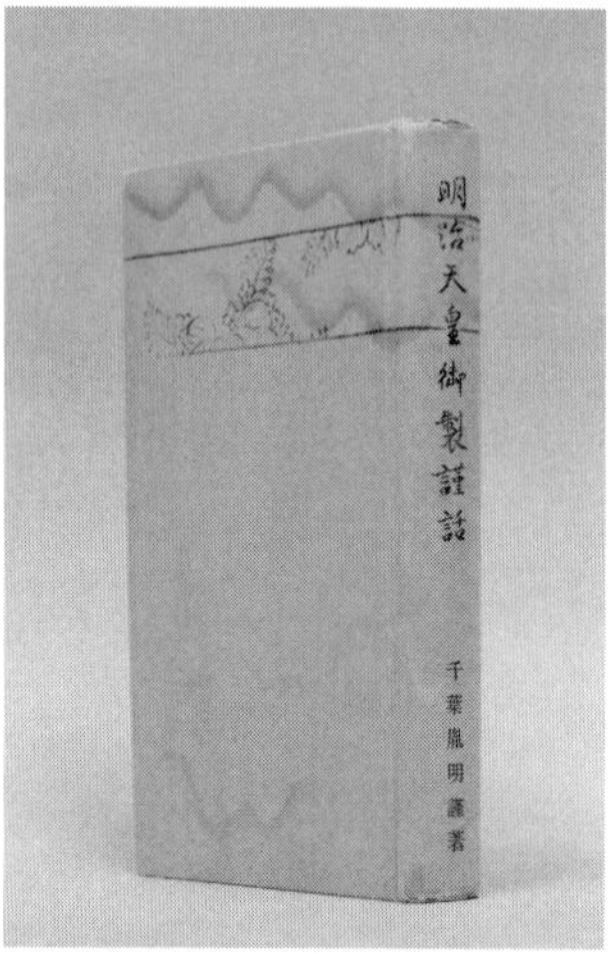

『明治天皇御製謹話』

昭和天皇の中に、「よもの海」は強くインプットされていた。それ故に、昭和十六年九月六日の御前会議に於いて、「朕は常にこの御製を拝誦して、故大帝の平和愛好の御精神を紹述せんと努めて居るものである」と重大決意をもって語ったのであろう。

知られざる宮廷歌人・千葉胤明

この御製拝誦について、私は先ほど二人の人物の影響、と言った。そのもう一人が千葉胤明である。千葉は昭和十三年二月に大日本雄弁会講談社から『明治天皇御製謹話』を出版している。明治天皇の御製を解釈、鑑賞した本は大正の初めからたくさん出ている。その中でも、私がこの本に特に注目するのには理由がある。

千葉胤明という名前を私は「よもの海」を調べるまでは知らなかった。調べてみて驚いたのだが、千葉は昭和十二年に帝国美術院が帝国芸術院に改組され、美術だけでなく、文芸部門などにも門戸を拡げたときに、帝国芸術院会員に推されている。

文学者は十六人が会員になったが、その顔触れは錚々たるものである。小説家は幸田露伴、徳田秋声、泉鏡花、武者小路実篤、谷崎潤一郎、菊池寛、劇作家が岡本綺堂、評論家が徳富蘇峰、三宅雪嶺、詩人が河井酔茗、漢詩人が国分青崖、俳人が高浜虚子、そして歌人が井上通泰、千葉胤明、佐佐木信綱、斎藤茂吉。その中で千葉の名前だけを知らなかった（島崎藤村、正宗白鳥、永井荷風の三人はそれぞれ思うところあって辞退している）。

千葉はこの時、七十三歳。歌人ではあるが歌集は一冊もない。明治二十五年に御歌所勤務を拝命し、寄人となり、『明治天皇御製』編纂を主任し、昭和十二年からは歌会始の点者（選者）を務めている。半世紀にわたり一貫して宮中に奉仕した歌人である。「明治天皇の御鴻恩《こうおん》に深く感じ、其の聖蹟保存・聖徳普及講演等を畢生の業として、暇のある限り全国を行脚し、遠く満洲・朝鮮・台湾等に迄足跡を留め」たという（恒川平一『御歌所の研究』）。

「明治天皇の御製は、あえて帝国臣民のみではなく、世界人のすべてが奉誦すべき経典であると確信致します」と、千葉は『明治天皇御製謹話』の「自序」で述べている。

「明治天皇は、御日常におかせられて、事に触れ時に応じての御感想をありのままに御製に遊ばされたので、御製を拝誦し奉るのは、陛下の玉音をさながらに拝承し奉るに均しいという事であります。同時に、真の勅語はこの御製にあり、これを総括遊ばして御文章として現し給うたのが、即ち教育勅語其の他の詔勅であります」と、御製イコール大御心《おおみこころ》、という文学観を吐露している。

「明治天皇の平和を御愛好遊ばす御精神」

御製「よもの海」については、以下のように謹解している。全文を引く。

陛下は、兵馬を練り、軍艦を造り、皇軍の建設に大御心を尽させられたところから拝しますと、ただただ尚武のみの御方であらせられるように拝察している人があるかも知れませんが、断じて、左様ではなく、最も平和を御愛好遊ばした仁君中の仁君にあらせられました。

ここに掲げ奉ったのは、明治三十七年の御製でありますが、四海同胞の思召が、この短い御製の中《うち》に輝きわたって居ります。此の御製は、ロイド氏が英訳しましたが、その当時の米国大統領ルーズヴェルト氏も、これを拝読していたく感激し、明治天皇の平和を御愛好遊ばす御精神が判然したと言ったそうであります。

この短い引用の中に、昭和天皇が御前会議で強調した「平和愛好の御精神」に相当する語が二回も現われることに注目してほしい。千葉胤明は世間では無名でも、宮中では最も有名にして、かつ権威もあった歌人であり、千葉の『明治天皇御製謹話』は天皇の座右の書であったのではないか。千葉は戦後、亡くなる直前に宮中からお見舞いとして特別に「お野菜」が届けられた（朝日新聞昭和二十八年六月二十四日夕刊）。そうした君臣の関係であった。

千葉胤明が師事したのが、あの『Imperial Songs』に未発表の御製まで提供して全面協力した歌人・高崎正風であった。この師弟には、日露戦争中の御製について興味深いエピソードがある。千葉たち御歌所の奉仕者は、明治天皇の詠草を日々拝写して整理するのが仕事である。御製は新年の歌御会始で朗誦されるもの以外は一切発表されない。千葉はそれが残念でならない。もしも御製が国民の目に触れれば、どんなに感激するだろう。戦線の将兵も銃後の国民も、さぞ士気を鼓舞され元気になるだろう。千葉は高崎正風と、高崎の姻戚である海軍軍令部長（のちの軍令部総長にあたる）の伊東祐亨《すけゆき》大将に御製の公開を訴えた。伊東大将は陪食の折りにお許しをもとめたが、「つまらぬ歌を人に見せて何になる」というのが明治天皇の返答だった。

それでもあきらめきれない千葉は、御製をジャーナリズムにリークすることを決心し、高崎の許しを願った。高崎はよし、「一死を以て御詫び」すればいいと決心し、御製約百首を何部か拝写させた。「もう安心だ。一通は田中【光顕】宮内大臣へ、一通は徳大寺【実則《さねつね》】侍従長兼内大臣へ、又一通は岩倉【具定。曾孫は加山雄三】侍従職幹事へ差出して来た。違勅の罪は自分一個に於て引請け決して御迷惑はかけぬ、唯高崎がこういうことを致して居るということを承知して貰い度《た》い、というて来たから、もう何の心配もない」

明治天皇の側近たちにあらかじめ報告して明治天皇包囲網をつくり、この師弟は確信犯として、新聞雑誌に約百首の御製を洩らした。御製はパッと天下にひろまる。二人は御製の大いなる効用に気づき、御製を国民に知らせる決断をした仕掛け人だったのだ。

「よもの海」をめぐる話が、これだけですんでいたら、昭和天皇が御前会議で読み上げた明治天皇の御製の威力は衰えなかったろう。昭和十六年秋の日本は違う歴史を歩んだかもしれない。しかし、現実は違った。

「よもの海」はもっと別の解釈ができる、「平和愛好の御精神」だけの歌ではないのではないか。そのことにすぐに気づいた人間がいた。それもおそらくは陸軍中央に。参謀本部と陸軍省のエリート軍人官僚の中に。彼らは「平和愛好の御精神」を自分たちに都合よく解釈できる有力な武器をたちまち発見した。その武器は彼らのすぐ身近に存在していた。武器といっても物騒なシロモノではない。それは昭和十六年秋に、簡単に入手できる二冊の本であった。

佐佐木信綱の謹解「戦争中にしてこの御製を拝す」

『明治天皇御集』の謹解者として、千葉胤明のほかにもう一人の権威者がいた。千葉と一緒に昭和十二年に帝国芸術院会員となった歌人の佐佐木信綱である。千葉とは違い、佐佐木信綱なら誰でもがその名を知っていた。歌人として、万葉学者として、日本古典の編纂者として著名である。日露戦争の乃木大将とステッセルを歌った文部省唱歌「水師営《すいしえい》の会見」の作詞者でもある。学士院恩賜賞、文化勲章も受けている。

ふつうの人にとっては、千葉胤明よりもはるかに馴染みがあるから、解釈と鑑賞によって御製を味わうなら、ふつうはこちらを選ぶだろう。

佐佐木信綱の「よもの海」の「謹解」をこれも、以下にまず全文引用する。

【題の】「正述心緒」は、正に心緒《おもい》を述ぶと読みて、思うことをありのままに詠みいずる義、万葉集に見ゆる語なり。四海皆兄弟と思し召すに、何とて波風の立ち騒ぎて、平和ならぬことは出で来るぞとのたまえり。大御心には世界の平和を希《ねが》い給えるに、他国より道に違えることどもの出で来て、国際間に事あるを歎かせ給えるなり。戦争中にしてこの御製を拝す。まことに尊び仰ぎ奉るべし。この年十二月、東京帝国大学講師アアサア・ロイド氏、この御製をはじめ数篇を英訳しまつりてインピリアル・ソングスと題して印行し、そを世界各国の主権者におくりたるに、米国大統領ルウズヴェルト氏拝読して、いたく心を動かされきといい伝う。

今まで述べてきたこととほとんど変わらないが、ただ一点、重要な一文がある。「戦争中にしてこの御製を拝す」。この和歌は開戦前でなく、日露戦争が始まってから詠まれた歌だというのだ。開戦前か、開戦後か、どの時点で詠んだかによって、明治天皇の大御心は変貌する。一首の解釈も意味も、人々に働きかける作用も、大きく変わってしまう。

『明治天皇御集』は編年体で編まれた歌集である。若き日の作品は「明治十一年以前」と一括されているが、明治十二年から四十五年までは編年体で時代順である。その年の新年から春夏秋冬の順で並び、その分類になじまない歌が後半部分に、「雑の部」の扱いとなって、ゆるやかなテーマ別に配列されている。

『御集』の明治三十七年を見ると、「よもの海」は雑の部にあり、これだけでは開戦前とも開戦後とも断定できない。千葉胤明の『謹話』は制作の時期を特定していない。九月六日の御前会議の逸話を通してこの御製を知っている我々としては、ごく自然に「平和」の歌として、開戦前であろうという思い込みへと導かれる。

信綱の「謹解」は、それに対して、はっきりと「戦争中にしてこの御製を拝す」とある。まさか佐佐木信綱が、軽々しく事実を歪曲して書いたり、想像をたくましくして書くとも思えない。信綱の『明治天皇御集謹解』は大正十一年に公刊された『明治天皇御集』を受けて謹解した、晴れがましい書物だからだ。「はじめに」にはこうある。

佐佐木信綱と『明治天皇御集謹解』

おおけなくもおのれ、［御集の］臨時編纂部に委員の一人たるべき恩命を蒙り、爾来微力のかぎりを尽くして仕えまつりたりき。生を明治の聖代に享け得たるのみならず、殊に和歌の道にたずさわれる身として、御集の御編纂にあずかりまつれる光栄は、畏しとも畏き極みなりけり。ここに謹みて御集に略解を加えまつり、この一巻を成せるは、以て万民の拝誦に便ならしめ、また国民道徳の涵養に資せむ為にして、聖恩の万一に報じ奉らむ微衷に外ならざるなり。

御製の正当な解釈を示し、解釈のスタンダードとして書いたと信綱は書いている。そうすると、『謹解』を信じるしかなくなってくる。

昭和天皇が御前会議のルールを破ってまで発せられた「平和愛好の御精神」への有力な反証としての役割、あるいは「聖慮」の読み替えを可能にしてしまう、御製解釈の余地を許す有力な武器として、信綱の『謹解』は使えるのである。

陸軍のエリート官僚の一人ないし複数が、そのことに気づく。それも早ければ、九月六日の午後にも。私がこのように想定するのには理由がある。佐佐木信綱『明治天皇御集謹解』の初版は大正十二年に朝日新聞社から刊行されたが、昭和十六年九月には、簡単に入手できる新刊書として再刊されていたからだ。

それは軍人の必携必読の本だった

いま私の手元にその『明治天皇御集謹解』がある。版元は第一書房、四百六十ページもあるのに、定価は七十八銭と格安である。奥付を見ると、「昭和十六年五月二十日初刷三万部発行　昭和十六年六月三十日第二刷二万部発行」とある。その後も増刷されたかどうかはわからないが、既に累計五万部である。

奥付裏にある自社の書籍広告によると、この本の性格付けがよくわかる。版元の第一書房は瀟洒な詩集や『近代劇全集』、西洋の文化の香りを伝えるカルチャー月刊誌「セルパン」など、良書の出版で若い読書人の信頼を得ていた。その第一書房が、支那事変の翌年、昭和十三年から「戦時体制版」と銘打って一冊七十八銭均一で売り出したシリーズの一冊であった。

第一書房社主の長谷川巳之吉《みのきち》は『明治天皇御集謹解』奥付裏の書籍広告で「戦時体制版の宣言」を載せている。「名を大衆にかりる俗悪趣味横溢の娯楽雑誌や婦人読みもの類の跳梁跋扈」を一国文化のマイナスとし、「今日及び今日以後の日本人が、日本人として起つ上に是非とも必要な」思想・芸術・宗教等の名著の普及を計ると、自らの「出版報国」の抱負を述べている。「我々は更らに前線銃後を打って一体に結び、これをもって事変中の用意修養に資し、戦後の準備を怠らず、日本人としての確乎たる背骨と肚とを養って新日本文化の建設に資し、進んでは来るべき東洋文化ルネッサンスの分担者たるの実をあげたいと念じてやまない者であります」。敗戦のあとに読んだら、書いた本人も恥ずかしくなってしまう「宣言」であろう。社主の長谷川は昭和十九年に事業統合で第一書房を大日本雄弁会講談社に身売りし、戦後は遂に出版の世界に戻ってくることはなかった。

昭和十年代の日本の空気を感じてもらうために、第一書房に寄り道しすぎたかもしれない。戦時体制版のことであった。この名著シリーズのラインアップを見てもらいたい。

一冊目が杉浦重剛の『選集　倫理御進講草案』である。「本書は畏れ多くも　今上陛下東宮にましませし時、杉浦先生が前後七ヶ年に亘《わた》って御進講申し上げた御草案集であり日本精神の真髄を説いた不朽の貴重書」と巻末の広告にあるように、昭和天皇の東宮御学問所時代の「倫理」の教科書である。まだ十代だった昭和天皇の知情意のバックボーンを作った本だ。その本を皮切りに、大川周明『日本二千六百年史』、川田順『吉野朝の悲歌』、ヒットラア『我が闘争』(室伏高信訳)、パアル・バック『大地』(新居格訳)など時代の必読書が続々と出版され、書店の店頭に同じ装丁で並んでいたのだ。

勤皇の心に熱い軍人や、ヨーロッパ戦線を席巻するナチスドイツに心酔する軍人ならば、書店で探すまでもなく、すでに自宅の書斎か、市ヶ谷台の執務室の書棚に戦時体制版『明治天皇御集謹解』が収まっていたことだろう。

陸軍記念日にその記事は出た

しかし、佐佐木信綱の本では作歌の時期を「戦争中」と曖昧にしか限定していない。その日時を特定した別の本が存在していた。昭和十一年に千倉書房から出版された渡辺幾治郎の『明治天皇と軍事』という本である。この著者・渡辺幾治郎が、「はじめに」で述べた朝日新聞昭和十七年三月十日の記事の語り手なのである。

当時の新聞は支那事変の長期化による物資欠乏、資材不足のため、朝刊四ページ建て、夕刊二ページ建てに減頁となっていた。その朝刊第三面の目立つ位置にその記事はある。見出しには「明治天皇御製に／偲び奉る日露役」「朝に夕に御軫念《ごしんねん》／畏し開戦の御決断」とある。記事のリードは以下の通りである。

第三十七回陸軍記念日を大東亜聖戦赫赫《かくかく》の戦捷《せんしょう》の裡《うち》に迎える、大御稜威《おおみいつ》仰ぐも有難き極みである、前帝室編修官渡辺幾治郎氏ははるかな三十八、九年前乾坤一擲《けんこんいってき》の国運を賭してわれら父祖の戦った日露の御戦へ想いをはせ、聖戦を御統率遊ばされし明治天皇の御聖徳を、御製を中心として讃仰し奉りつつ九日左のごとく謹話した。

敬語が多く、今となっては読みにくい文章だが、新聞記事であっても、こと皇室については、このような記述がなされていた。

「陸軍記念日」とは、明治三十八年三月十日、奉天の会戦で、帝国陸軍がロシア軍を打ち破った日を記念して設けられた祝日である。聯合艦隊がバルチック艦隊を殲滅した五月二十七日の海軍記念日と対をなす。こうした記念日には毎年必ず、日露戦争がらみの記事がいくつも掲載された。ふつうは将軍か提督が苦労話や手柄話を披露する懐旧談で、栄光の日が反芻された。

朝日の記事は、語り手が「前帝室編修官」という地味な肩書である点からも異例である。渡辺幾治郎は『明治天皇紀』の編修官として当初から完成まで二十年間従事した歴史家である。昭和九年に出た著書『明治史研究』には「明治天皇紀編修二十年」という章があり、前年に完成を見た『明治天皇紀』の編集裏話を公開している。秘話を語るにはふさわしい人選である。その渡辺幾治郎がよりによって、明治天皇の「御製を中心として」「謹話」しているので、宮中の様子がまざまざと感じられる記事である。

明治三十七年二月十日、日露の国交断絶、宣戦は布告された、この国運を賭しての大事を決行される前後の明治天皇の御軫念は、中すも畏き事ながら尋常一様ではあらせられなんだ、二月四日、いよいよ国交断絶という最後の御前会議が宮中で開かれるというその朝、まだ暗いうちに元老伊藤博文公へ至急参内せよとの御下命があった

公が早速参内されると明治天皇には、特に公を常の御殿へお召し遊ばされた、常の御殿とは御居間の御事で、伊藤公といえども平常のお出入りの出来ぬところであった、しかるにこの朝に限って特にこの御居間に召されたのである、公は、恐懼して参進したところ、天皇には白羽《しろは》二重《ぶたえ》の御召のまゝで出御あそばされた、いまだ朝の御支度も遊ばされぬ御模様にて、拝察する

に極めて重大の事件であるがため、夜の明くるをお待ちかねにて、公を召させられたのである、天皇には伊藤公へ、日露問題につき、内閣より緊急の上奏があった、汝の考えるところはどうかとの御下問である、公は謹んで奉答した

畏れながら陛下に於かせられましても、重大の御覚悟を遊ばされる時機が到来いたしませぬとも限らないかと存じ奉ります、実におそれ入ったことでござります

と奉答申し上げたところ、明治天皇には一々御了承遊ばされ、その日定刻に御前会議を元老、桂［太郎］首相以下の閣僚を召されて開かせられ、遂に開戦の御決定をあそばされるに至ったのである、この御英断についてのなみなみならぬ御軫念は拝察するだに恐懼の極みであると、かつて末松謙澄子爵が、伊藤公の直話として語られたのだった、子爵はこれを拝察し奉らずしては、われわれ臣民の職分は相立たぬと述懐申していた、この重大な御前会議のその夜のこと、明治天皇には皇后陛下へいよいよ露国と国交を断絶することに定めた、朕が志でないがやむを得ぬと仰せられ、暫しは他の御言葉もなく、やがて御うつむきにならせたまうて、もしやこの戦いが失敗せば、何とも申しわけがないと仰せられたと洩れ承る、お言葉は極めて短くあらせらるゝが、聖慮は回想し奉るだに畏き極みである、肇国《ちょうこく》以来二千五百余年、皇祖皇宗の御鴻《こう》業《ぎょう》、また六千万の赤子《せきし》への宸慮《しんりょ》を洩らし給うたものと拝察せられる

こんなに長々と引用するつもりではなかったが、写し始めると止まらなくなってしまった。その日の明治天皇のお姿も胸の内も、余すところなく活写されているからだ。このエピソードは、

渡辺が伊藤博文の娘婿である末松謙澄から直接聴き取ったものであろう。

御前会議の秘密をさりげなく示唆する新聞記事

『明治天皇紀』が活字で読める今となっては衝撃力が減殺されるが、私が驚いたのは、記事のこの先である。しばらく戦況と御製のエピソードが続いた後の、最後の一節を引く。おそらくここからが、この記事の眼目である。

> ……かくの如く大悲報、大吉報にも御様子の御変りを拝しなかったこと、まことに神ながらの御心境と長岡将軍【日露戦争時の参謀次長・長岡外史《がいし》。翻訳家・朝吹登水子《あさぶきとみこ》の外祖父】は語られたが、その厳粛な大御心の御奥には、前に述べましたように出征将兵や、赤子《せきし》への御こまやかな叡慮、御憂い沈々として在すを拝察するのである
>
> よもの海みなはらからと思ふ世に
> など波風のたちさわぐらむ
>
> と、開戦当初『正しく心緒を述ぶ』と題されて詠じたもうた明治天皇を仰いでこそ、ひとしく陛下の赤子たるわたくしどもは日露役大勝の真因をはっきり摑みうるのである

御製「よもの海」は、「開戦当初」に詠まれたと、時期を明示して、こちらの疑問に答えてくれるのである。しかし、真におそろしいのは、その後に続く部分である。

そして畏多いことながら、今上陛下の大東亜戦に臨ませられる大御心も明治天皇といさゝかもお変りあそばされぬのである、第三十七回陸軍記念日をこの聖戦赫赫の戦捷裡に迎え、明治天皇の御聖徳を讃仰し奉るまことによろこばしい極みである

天皇陛下の開戦の大御心を拝察する形を借りて、昭和十六年九月六日の御前会議の秘密をさりげなく、わかる人にはわかるように示唆している。巧妙に仕組まれた記事なのだ。元帝室編修官の身分では極秘の御前会議の模様など知るすべもないだろうから、最後のパラグラフは、朝日新聞か陸軍が、渡辺幾治郎の口を借りて語らせたものであろう。

明治天皇が御製「よもの海」で示された御意思とは、「平和」である以上に、開戦に際しての明治三十七年二月十日の「露国に対する宣戦の詔勅」に書きこまれた、「豈《あに》朕が志ならむや」（新聞記事では「朕が志ではないがやむを得ぬ」）という戦争容認の御言葉の和歌的修辞、文学的表現であったのだ。

さらに言えば、昭和十六年十二月八日の「米英両国に対する宣戦の詔書」に「豈朕が志ならむや」と、昭和天皇が特に加筆されたことが、当然想起されるのである。

朝日新聞の「スクープならざるスクープ」

この記事を見つけた時に、あえて陸軍記念日にこの記事を掲載したことに、私は人為的な匂い

を感じた。大東亜戦争は最大の敵がアメリカになるのだから、陸軍の戦争というより海軍の戦争である（実際、昭和天皇は十二月八日には、終日、海軍の軍装を召していた）。そんなことは軍部や政府の誰でもが了解していたことである。日米戦争の先行きに不安を感じ、「日米戦わず」の避戦に持っていきたかったのは近衛内閣の閣僚だけでなく、陸軍の幹部にも少なからずいた。それゆえ開戦前に、閣議や大本営連絡会議などの場で、陸軍は海軍に「アメリカに勝つ自信がないので、戦争ができません」と言わせて、戦わざる責任をもっぱら海軍に押しつけようとしていた。そうはさせじと、海軍は「総理一任」（近衛首相に開戦か外交交渉継続かの決定をゆだねる）とひたすら逃げを打った。

朝日新聞のこの記事は陸軍の発表記事だろうかと、同じ日の東京日日新聞（現、毎日新聞）、読売新聞、都新聞（現、東京新聞）、中外商業新報（現、日本経済新聞）などにあたってみたが、それらしい記事はなかった。朝日の特ダネのようだ。今なら「スクープ」として一面トップにもってきてもおかしくない記事である。渾身の「スクープならざるスクープ」であった。

朝日の独自ネタとしても、当時の言論統制の厳しさからいったら、陸軍の承認あるいは意向、最低でも黙認がなければ記事にはできないだろう。それくらいのトップシークレットなのだ。陸軍の思惑としては、開戦の華々しい功績を、なんとか海軍から自分たちの手に取り戻したかったのだろう。

昭和十七年三月十日の時点とは、シンガポールもマニラも陥落し、パーシバルは降伏し、マッカーサーは豪州へと落ち延びる直前だった。輝かしい大日本帝国の勝利と大東亜共栄圏の確立は目前だった。開戦の決断は絶対的に正しかった、と多くの日本人はまだ確信できていた。

渡辺幾治郎が昭和十一年に出版した『明治天皇と軍事』は、実をいうと、朝日新聞の「スクープならざるスクープ」の前半、明治天皇のエピソードのネタ本である。「四海皆同胞なり」という章と、「寝食安からず」という章がそれだ。ネタ本のほうが新聞よりも敬語が少なく、読みやすい。朝日新聞はおそらくその本をもとに渡辺に取材して、荘重な文章に置き換えたのだろう。本では、明治三十七年二月四日の御前会議の後、昭憲皇后に「愈々《いよいよ》露国と国交を断絶することになった、これは朕の志でないが止むを得ない」と漏らした際に「よもの海」が詠まれたと、詠歌の時間まで特定している。

他にも、『明治天皇と軍事』には記事では抜けている重要な部分がある。「米国大統領ルーズヴェルトはこの御製の英訳を見て、深く明治天皇の御心に感激し」云々という所である。今や敵国となったアメリカの、それも同じ名前の大統領が登場するからである。経済封鎖と石油禁輸で日本を追い詰めたフランクリン・ルーズヴェルト大統領はセオドア・ルーズヴェルトの遠縁にあたった。大統領夫人エレノアが、セオドアの姪という関係だった。

渡辺幾治郎のこの『明治天皇と軍事』は、昭和十六年六月に『明治天皇の聖徳　軍事』とタイトルをあらためて同じ千倉書房から出版されていた。つまり、この本も簡単に入手可能な本だったのである。渡辺の本の宣伝コピーには「本書は明治天皇の御心情より、日清・日露役当時、天皇が将兵、戦局国民に対し給える御軫念、御苦悩の程を凡ゆる秘録より我が同胞に明かにせんとした」とあり、明治天皇が創建した帝国陸海軍の高級幹部ならば備えていて当然の本なのである。

『明治天皇と軍事』と蔵書印

げんに私が入手した『明治天皇と軍事』は昭和十三年の新訂増補版だが、「陸軍士官学校文庫」という蔵印があり、かつて陸士の生徒たちが身を正して読んだ本なのである。

渡辺幾治郎の本と佐佐木信綱の本、「よもの海」が戦争容認の御歌であると書かれた本は、そのいずれもが職業軍人必読必携の本だったのだ。

勝てば美談、負ければタブー

昭和天皇とその周辺は、この二冊の本を読んでいなかったのだろうか。もしそうだとしたら、「常時輔弼《じょうじほひつ》」の任にあって、「よもの海」読みあげの件を、天皇から前もって相談された内大臣の木戸幸一の大失態ではないか。二冊の本を読んでいれば、少なくとも調べさえすれば、御製「よもの海」を御前会議で読み上げることを躊躇したであろう（もし木戸が二冊の本を知っていて、あえて同意したとしたら、木戸は昭和天皇よりもはるか前に、「戦争容認」の方針をひそかに固めていたことになる）。

佐佐木信綱の『謹解』の存在に気づいた本に、大江志乃夫『御前会議』と工藤美代子『近衛家七つの謎』の二冊がある。大江は「『開戦決意という次の段階にすすむのも万やむをえない』という心境の吐露」と解し、工藤は「聖慮が単純な和平ではない」と想像している。二人とも、御製読みあげにより、曖昧模糊とした、どちらとでもとれる意思表示をしたという意地悪い見方をしている。しかし、それならばわざわざ「平和愛好の御精神」と明言して御製を読みあげる必要もなく、御前会議ですんなり裁可するのでよかったはずだ。

昭和天皇はおそらく渡辺幾治郎と佐佐木信綱の本は読んでいなかっただろう。「一天万乗の天子」であり、「一視同仁」の陛下とはいえ、すべての臣民にたいして公平、等距離であるなどということはありえない。渡辺幾治郎と佐佐木信綱の二人よりも、竹下勇と千葉胤明のほうが身近な存在である。おそらくこの御製の逸話を、二人から直接耳にしていて、その強烈な印象が、いつも耳にこだましていたのだろう。

軍人ならば当然気づく「よもの海」解釈のからくりは、誰の日記にも手記にも記されなかった。軍中央の軍人たちはこの事実を書き残すことを畏れ多いと感じたのであろう。もし日米戦争に勝利すれば、この事実は美談として語られ、定着したであろうが、敗戦の後となっては、回想に記すことさえタブーであった。

第三章 「よもの海」の波紋はいつ鎮まったか

東条英機、東久邇宮邸におもむく

朝日新聞の記事についてはひとまず置き、昭和十六年九月に戻りたい。

「聖慮は平和にあらせられるぞ」と顔色を変えた東条英機は、その翌七日、日曜日にもかかわらず、麻布市兵衛町《いちべえちょう》の東久邇宮稔彦王《ひがしくにのみやなるひこおう》の御殿に参上している。六日朝に「会って話したいことがあるから、明朝来てくれ」との電話があったからだ。東久邇宮はこの時、陸軍大将である。男子皇族は特別な事情がない限り軍人となることが明治天皇の御沙汰で決められていた。東久邇宮は近衛首相から、日米会談に消極的な陸軍から協力をとりつけてもらいたいと頼まれ、東条を説得するために呼び出したのだった。

東久邇宮は支那事変には第二軍司令官となるなど要職を歴任し、当時は閑職の軍事参議官である。皇族の中では突出した評価を得て、次の参謀総長、いざという時の総理大臣の候補として名前があがる「期待の星」である。明治天皇の第九皇女（成人した四皇女では四番目）聡子《としこ》内親王(泰宮《やすのみや》)を妃とし、長男の盛厚王《もりひろおう》は昭和天皇の第一皇女成子《しげこ》内親王と婚約中で、皇室の中でもさらに特別な存在であった。

東条にとって、東久邇宮は煙たい存在である。というのも、東条の天敵である石原莞爾《かんじ》と宮は特に親しかったからだ。宮の屋敷には様々な人間が出入りしていたが、その中には、石原莞爾の信奉者もかなりいた。たとえば田村真作や木村武雄らが頻繁に出入りしている。朝日新聞の元記者・田村真作は昭和二十年に、小磯国昭内閣が画策し、東久邇宮も関与した日中和平の「繆斌《みょうひん》工作」の中心人物になる人間だ。代議士の木村武雄は、石原と郷里を同じくする石原信者である。

石原莞爾は昭和十六年三月に、東条人事によって、予備役に編入された。その人事をめぐっては、東久邇宮は当時の陸軍次官・阿南惟幾《あなみこれちか》（終戦時に陸相で、自決）に石原残留を働きかけている。東条と東久邇の間に挟まれた阿南はそのために相当苦労している。この石原残留を依頼した人間の中には、朝日新聞代表取締役兼主筆の〝ミスター朝日〟緒方竹虎もいた。緒方の今日をつくるきっかけになったのは、入社二年目の新米記者の時に、新元号「大正」をスクープしたことだ。そのネタ元は枢密院顧問官の三浦梧楼だった。三浦は皇太子だった裕仁親王が成人式の場で、相手の話にしっかり応答できない姿を見て、東宮御学問所の帝王教育に欠陥ありと指摘した硬骨漢である。

一夜明ければ、東条英機は強硬派に戻っていた

東条は午前九時に東久邇宮邸に到着した。この時の問答は「東久邇宮日誌」（防衛省防衛研究所所蔵）に残っている。東久邇宮の依頼に対して、東条がどう反応しているかを見てみたい。東

条は日頃の考えをまず懇切丁寧に説明することから始めている。

私［東久邇］より陸軍大臣［東条］に

「陛下は日米問題に就いて大に御心配になり、日米国交調整に大に御心をそそがれているので、この度の近衛・ルーズヴェルト会談について大にきたい［期待］をかけておいでになるとの事である。陸軍大臣として、以上の陛下の御心を察知して、近衛・ルーズヴェルト会見を始め、日米問題に就いて考える事を、私より希望する」と云えり。

東条曰わく

「陛下の日米問題に対する御考え、近衛、ルーズヴェルト会見に関するお考えは良くわかれり。米国の日本に対する要求はせんじつめて云えば、日本は独伊枢軸より離脱して英米の方にはいれとの事なり。

若し日本にしてこれに応ぜんか、英米は日本の協力を得て独を撃滅したる後、更に日本打倒に向い来るならん。

1 米は日本に対し日本軍を仏印より撤退する事
2 日本軍は支那全土より撤退して日支事変以前の情態にふく［復］する事
3 英米が中に入りて日本と蔣介石と全面的和平をなす事
4 日本は英米に対し、支那に於ける門戸開放、機会均等を認める事
を要求し、日本にしてこの要求に応ずる時は、英米は日本の必要とする諸物資を供給す。

此のごとき条件は陸軍大臣として又日本陸軍として支那大陸にて生命を捧げし尊き犠牲に対し絶対に認《みと》めざる事能わざる事なり。

日本が大譲歩をなして日米会談が成立しても、日米関係の平和なるはここ二、三年のみなり。米が軍備完成したる後には、日本に戦争をしかけてくるならん。

来年の秋迄は米国は日本に対し勝ち目なし。故にそれ迄はなんとかして日米戦争を避け日本の力を弱めんと勉めつつあり。

陛下の近衛、ルーズヴェルト会談に対するお考えは良くわかりたれば、陸軍大臣としてこの会談が成立する如く努力するつもりなり。

東条は近衛、ルーズヴェルト会談の成功は十分の三位に考えおれり。

少しでも日米会談成功の望みあればこれを行うを可とす。

日米会談の不成功に終りたる場合には、日本は日米国交調整にこれ程迄に努力せしも終に不成功に終りし事を日本国民に知らしめ、日米戦争の場合、日本国民のふん起［奮起］と一致団結を要求し得べし、故に近衛、ルーズヴェルト会談が不成功に終りても、以上の利益あり。

日米国交調整に関する陛下の御考えは良くわかれり。しかし陛下が日本の不利をしのぎて迄も、如何にしても日米国交を調整せんとお考えになり、東条はその事が国家百年のために不利なりと考うれば、どこまでも諫め申し上ぐべし、それでもお聞きにならなければ辞職するより外なし、これ即ち陛下に対し奉り忠節を完《まっと》うする事を考うればなり」

東条は日米問題に就き始めは中々興奮しおりしが追々落ち付きて、終り頃には平静となれり。

東条は十時頃辞去せり

一夜が明けて、東条の基本姿勢は元に戻っている。「聖慮は平和」の昂奮は収まり、強硬派・東条が復活している。「外交が主、戦争準備は従」は建て前の線にまで後退し、陛下のお考えに間違いがあれば（外交に固執すれば、ということだろう）、諫言をも辞さず、辞職も視野に入れている、と強気だ。

陸軍大臣が辞職し、後任を陸軍が出さなければ内閣は崩壊する。前年に米内光政内閣がその手でつぶされたばかりだ。あるいは近衛首相が「あくまで外交で行く」と閣議で閣僚に了解をもとめても、東条陸相一人が反対すれば、そこで内閣不一致となり、内閣は崩壊する。

陸軍の既定方針は貫く、とここで東条は宣言しているわけで、前日の天皇陛下の「待った」も、〝忠臣〟東条の中ではすでにほとんど忘れられている。

武藤章の「戦争なんて飛んでもない」と「天子様がお諦めになって」

東条の直属の部下で、御前会議の出席者でもあった陸軍省軍務局長の武藤章の態度は、どうであったろうか。武藤は強硬派揃いの陸軍中央にあって、日米戦の先行きを苦慮し、慎重派に変貌している。近衛首相の日米会談にも期待して、その随員として同行する予定にもなっていた。

九月六日の武藤を伝える資料は、武藤の部下で陸軍省軍務局軍務課の高級課員だった石井秋穂中佐が、自らの日誌をもとに戦後に書いた手記が一番信頼できるだろう（『軍務局長武藤章回想

武藤章

石井秋穂

録』所収)。石井秋穂といっても一般には馴染みがない名前である。数年前にＴＢＳテレビが放送した長時間ドラマ「あの戦争は何だったのか　日米開戦と東条英機」で、阿部寛が演じ、東条英機役のビートたけしに次ぐ重要人物としてクローズアップされていた軍人である。

［御前］会議から帰った武藤は、直ちにわれわれ［軍務課員］四人を集めた。

「戦争なんって飛んでもないことだ。オレが模様を話してやる」

と切り出して速記録を読んでくれた。そして、

「これは何が何んでも外交を妥結せよという御意だ。オレは結局戦争になるものと達観しておるが、天子様に押しつけてはいけない。外交に万全の努力を傾け、天子様がお諦めになって御みずから戦争をご決意なさるまで精出さねばならぬ。オレはこのことを大臣［東条陸相］にも言っておく」

と結んで速記録を私に渡した。

御前会議の場で、事務方の武藤は速記録（メモのことだろう）を残す役割である。この武藤発言には、「外交を妥結せよという御意」は出てくるが、「よもの海」は出てこない。速記録には当然、その部分も記録されていただろうから、「よもの海」についても武藤の説明はあっただろう。しかし、石井の手記からはカットされている。石井の手記が戦後の回想であることを考慮に入れると、「よもの海」があっさりと抜け落ちる理由があったと考えたほうが自然だ。

石井秋穂は、先ほどの引用の後に、怪訝な気持ちを記している。昭和十六年の陸軍でたくさんの国策を決定する重要なペーパーを書いてきた秀才官僚の典型といえる石井の文章にしては、これは珍しく乱れている。

武藤のこの言葉を理論的に分析すると、何んでも妥結せよ、すなわち絶対不戦が聖意であると拝察したのであるから、最終的にいかなるアメリカの要求をも鵜呑みせよということになり、戦争はあり得ない筈なのだが、それにもかかわらずオレ【武藤】は戦争になるものと達観するのは不合理、不都合であり、不忠であると断ぜざるを得ない筋道になる。

だが、私はそのような厳密論理的な理解はしなかった。陛下は異例なご発言によって強烈にご警告下さった。この分ではよくよくのことがない限り戦争のお許しは得られない。そうは言っても譲歩には自ら限度がある筈で、これまでの交渉経過に徴すると妥結は覚束ない。結局は戦争に行き着くまでだろうと武藤は見立てたのだと思う。

「絶対不戦が聖意であると拝察した」「強烈にご警告」「よくよくのことがない限り戦争のお許しは得られない」ということは、「外交が主」といった程度ではないと、この時、武藤も石井も、そして二人の上司の東条も認識している。

それにもかかわらず、あっさりと武藤が「外交に万全の努力を傾け、天子様がお諦めになって御みずから戦争をご決意なさるまで精出さねばならぬ」と、御前会議の帰りしなに言うだろうかというのは疑問である。石井手記から「よもの海」が脱落した背景には、武藤が報告した直後に(あるいは報告中に)、陸軍省軍務局内で、御製解釈の変更を示唆した知恵者がいたのではないか。

武藤が「結局は戦争に行き着く」という結論になるまでには、「よもの海」の解釈変更という、別のファクターがなければならないのではないか。

参謀本部の支配的空気は、天皇を啓蒙せよ

石井秋穂は、翌七日の日曜日、参謀本部作戦課長の服部卓四郎大佐の部屋を訪ねた。服部は、石井の言によれば「田中〔新一〕、服部、それに海軍の石川〔信吾〕は戦争を決め込んで微塵も動揺しない別格」の一人である。服部は、辻政信とコンビを組んで、日本を戦争へとひきずり込んだ、超のつく強硬派である。昭和十四年にノモンハン事件の責任を問われて、左遷されたのに、この時点では早々と陸軍中央に返り咲き、肩で風を切っていた。

服部は眼をギラギラと怒らせ「オレはもう戦争を固く決意し絶対に変えない。今陸軍大臣のなすべきことは連日連夜でも参内して開戦の必要な理由を言上することだ。貴様帰って大臣にそう具申せよ」と迫った。天皇を啓蒙せよということだ。私は深入りを避け、帆を巻いて退却した。

最強硬派の服部卓四郎は、御前会議の未曾有のインパクトを微塵も感じとっていない。「天皇を啓蒙せよ」という強硬発言が出るのは、参謀本部でも、御製解釈の変更は簡単だと、既に楽観視していたのではないか。大事なことは、このあと、服部が決然と言い放ち、武藤章が苦渋の思いの後で結論に達し、東条英機が諫言するとした、その方向に、歴史がどんどん動いていったということだ。陸軍は、「平和を愛好する」昭和天皇の説得に絶大な自信をもっていた。それが、九月六日午後と九月七日の陸軍の支配的空気だった。

入江相政侍従のゆるやかな九月六日

九月六日、未曾有の御前会議の終了後、昭和天皇は、内大臣の木戸幸一に御前会議の模様を詳しく話し、その後は、平常の土曜日に戻られた。『入江相政《すけまさ》日記』から、その様子が垣間見られる。

入江相政は東京帝国大学文学部国文科を出て、学習院で国文学を教授し、昭和九年からは半世紀にわたって、侍従、侍従長として、昭和天皇のそば近くに仕えた。名文家として、昭和天皇の御姿を十数冊もの随筆集で伝え、昭和天皇のスポークスマンの役割をごく自然に務めた人物である。もともと堂上華族であり、何百年にわたり天皇家と苦楽をともにした家系である。父の入江為守は皇太子時代の昭和天皇に仕えた東宮侍従長で、竹下勇海軍中将と同じくヨーロッパに随行している。息子の相政が宮中に仕えるのは当然のコースだった。母は大正天皇の生母・柳原愛子《なるこ》の姪だから、昭和天皇とは血縁関係にあり、年は四つ下と近く、和歌のことでもよき相談相手である。

九月六日の日記は、宮中では政治家、軍人たちとは違う時間が流れているのかと錯覚するほど、ゆるやかな時間が流れている。雰囲気を味わうために、その日の日記の全文を引く。

馬鹿に陽が強くて暑い。空は青く澄み、からっとしていて乾燥しているので気持はいゝが、暑いことは非常なものである。竹橋から出勤。入浴。牧野［貞亮・侍従］さんと二人で御歌を拝見する。一昨日差上げて置いた趣向をすっかり御取入れになって御詠み遊ばした。恐懼の至りだ。十時から東一の間で御前会議、正午十分まで。ルーズベルトからの回答につき議せられたものと思う。昨夕も近衛首相拝謁後、参謀総長、軍令部総長を御召し、三人一緒に拝謁した由、容易ならぬ事態と思われる。午后御研究所へ成らせられる。戸田［康英・侍従］君と交代、御供。昨日皇后宮御床払《おとこばらい》。今日御相伴はなし。夜文化映画、十津川風物詩、帆走、青きダニューヴ計五巻を御覧に入れる。当直は戸田、醍醐［忠重・侍従武官］、西野［重孝・侍医］三氏。今日は暑かった。

「入江日記」をひもとくまで、この日の天気さえ思いも及ばなかった。残暑の一日だったことがこれでわかる。宮中は緑も多く、天井も高く、暑さはしのぎやすそうだが、東京の市街ではこの暑さがもっと肌身に感じられたことだろう。

「日記」の中の「御歌を拝見する」にビクリとする。「よもの海」のことばかりこちらの頭は考えていて敏感になっているので、その件で、入江に御下問があったのかと、一瞬思う。次の一文を読めば、昭和天皇自身の御製のこととわかる。その歌は発表されていないが、どんな歌なのか。この頃の昭和天皇の心境が託された歌ならば、是非とも公開してもらいたいものだ。「日記」の記述を見る限りでは、時局を憂える歌ではなく、四季や嘱目を歌った御製のようだ。それはそれで、昭和天皇のこの日の平常心のありようが推察できそうだ。

入江たち侍従は、天皇陛下の公的生活にはタッチしない。日常の私的生活の御面倒をみる役割だ。そのためか、御前会議の議題も間違って想像している。秘密が保たれている、という言い方もできる。昨夕からのただならぬ緊張感は感じているが、それを共有はしていない。入江の御先祖である歌人・藤原定家の「紅旗征戎《こうきせいじゅう》はわが事にあらず」という「明月記」の名文句が頭に浮かぶ。

「ことだま」は絶大であった

入江日記の記述でいちばん注目されるのは、「午后御研究所へ成らせられる」の一文だ。土曜

生物学御研究所内の昭和天皇（昭和25年時）

日の日課は、午後は吹上御苑の東南隅にある生物学御研究所で、研究に励まれるのが決まりであった。昭和天皇の学者としての時間である。大日本帝国の総攬者《そうらんしゃ》という裃《かみしも》を脱いで、顕微鏡を覗きこんで生命の神秘に思いを馳せる。昭和天皇にとっては、ことのほか重要な時間である。入江の同僚の「小倉庫次侍従日記」の昭和十七年一月十日土曜日の記述を見ると、それがよくわかる。

「御研究所出御《しゅつぎょ》は、十二月八日開戦以来御止め遊ばれしも、戦争の状況も宜しく、且、長期抗戦の為めには御健康が最も必要なれば、御気分御転換、並に御運動の為め、土曜日は恒例の如く願うこととせり」とあり、日米開戦以来一ヶ月間は「自粛」している。生物学研究は、時局の切迫度のバロメーターなのだ。

九月六日午後にはいつも通り、「御研究所へ成らせられ」たことから昭和天皇の心境は察せられる。御前会議での発言と「よもの海」読みあげは、一世一代のことであった。その効果は絶大で、「未曾有の緊張裡に散会」となった。前年の昭和十五年に九十歳で亡くなった老公・西園寺公望公爵の訓《おし》えに背いてまでも、御前会議の場で発言した甲斐があったのである。日本はこれで大きく平和へと舵をきるだろう。日米戦争の危険は遠のいた。明治天皇の御製の「ことだま」は絶大であった、と。

　御前会議に初めて列席した田辺治通《はるみち》内相は、御前会議での昭和天皇が「御製のメモをお持ちになっていた御手がわなわなと顫《ふる》えておいでになった」と証言している（筧素彦《かけいもとひこ》『反省随想』）。筧は宮内省の役人で、田辺内相とは親戚である。筧は昭和二十年九月の天皇・マッカーサー会談には行幸主務官として供奉している）。それほどの大きな仕事をなし遂げた安堵感と、極度の緊張の後の心地よい疲労感に浸りながら、いつもの土曜日の御研究所通いを自らに許したのではないだろうか。

　昭和天皇が、戦後長く、この日の「よもの海」を思い起こし、自らのアイデンティティをこの歌に託したのは、この日が、「平和」へもっとも近づいた日だったからだ。すべては、このあとうまくいくはずだったのに。

原四郎編纂官の『大東亜戦争開戦経緯』

　不安の兆しは、その九月六日夕方にすでにあった可能性がある。午後の生物学の御研究と夜の映画会の間に、何事かがあったかもしれない。もしそうであるならば、夜の映画会では平静な気持ちを少し破られていたのかもしれない。

　九月六日をめぐる動きを細大漏らさずに跡付けて、最も公正に記述しているのは、防衛庁の防衛研修所戦史室が編纂した戦史叢書の一冊『大本営陸軍部　大東亜戦争開戦経緯〈4〉』である。この叢書は、旧軍が根本史料と関係者の証言を総合して、昭和三十年代から二十年以上をかけて全力をあげて書き上げた百二巻に及ぶ戦史であり、執筆陣の中心は、陸海軍の元エリートたちである。敗戦によって陸海軍は消滅したが、それさえなければ、順当にいけば大将、大臣にのぼりつめたような人たちだ。その彼らが、旧軍の誇りをかけて綴った一大戦史といえる。

この巻の筆者は原四郎。一般には馴染みがない名前だが、陸軍士官学校44期をトップで卒業した秀才で、二番が瀬島龍三（シベリア抑留後、伊藤忠商事会長。中曾根康弘内閣時代は臨調、臨教審などで、戦後総仕上げの参謀役となった）であった。昭和十六年九月には、原大尉は参謀本部の戦争指導班におり、瀬島大尉は参謀本部の作戦課にいた。二人とも陸軍中央の内側で、開戦経緯を見届けている。といって原四郎の『開戦経緯〈4〉』は自説を主張するためのものではなく、客観的な戦史となっている。原は別に自著『大戦略なき開戦』を書いており、焼却をまぬがれた「杉山メモ」の保管にあたった人間の一人でもある。

「よもの海」を調べるにあたり、まず、この『開戦経緯〈4〉』（朝雲新聞社、昭和四十九年）とその続きで、やはり原四郎が執筆した『大本営陸軍部　大東亜戦争開戦経緯〈5〉』（同）の当該部分をノートにとりながら読んで頭に叩き込み、しかる後に、他の資料にあたると一番効率がいいと気づき、実践した。それだけ信頼できる根本資料といえる。

たとえば、この日の御前会議のキーパーソンである、陸海統帥部の二人、杉山元と永野修身を描くにあたっても、陸軍をひいきすることなく、冷静に二人の態度を評価している。

右永野軍令部総長の説明事項は、永野総長自身が心魂を傾けて起草したものであり、事務当局【参謀本部第二十班、つまり原四郎自身の所属部署】によって起草された杉山参謀総長の説明事項と比べ説得力があり、永野総長自身の考えがにじみ出ているものであった。しかも永野軍令部総長は戦争に訴えるのは平和的打開の道がない万一の場合に限るという趣旨を強調し、また申し上げる所見は、すべて作戦上の立場からの所見であるとして、統帥部長としての発言の限度を逸脱せぬような配慮がうかがわれるのである。一方杉山参謀総長の説明事項は、「今や平和か戦争かを決するの機に到来しつつあり」とか、「和戦両様の構え」とかの文句が使われ、戦争気構えがかなり露骨にうかがわれるものであった。それでも第二十班は杉山参謀総長の注意により、用語ないし文章をやわらげるよう練り直しを行っているのであった。

御前会議の場で読み上げられた陸海軍の作文であっても、資料を漫然と読むのでは捉えられない、語気の鋭さ、論理の周到さなどに、よく注意が行き届いて見事なのだ。一般的には海軍内の開戦論者という評価が定着してしまっている永野修身の真意が那辺にあったかを考えさせる記述にもなっている。

『開戦経緯〈4〉』で、あとひとつだけ注目すべき記述をあげておきたい。それは昭和天皇の発言が御前会議のどのタイミングでなされたかにかかわる重要な論点だからだ。

かくて「帝国国策遂行要領」は可決されたのであるが、右質疑応答【原嘉道枢密院議長の質問をさす】の途中において（質疑応答終了後かもしれない。「杉山メモ」には「最後に特にお言葉あり〔原四郎注　御下問奉答綴による〕」と記されている）天皇異例の御発言があり、会議は極度の緊張をみたのであった。

つまり、昭和天皇の発言が、いつなされたのか、もっと具体的には、「可決」（といっても投票や挙手をするのではない。原議長が納得したことを言うのであろう）の前だったのか、可決の後だったのかというタイミングである。原四郎はここでは断定していない。質疑応答の途中ではと推定しているが、質疑終了後の可能性も排除していない。質疑応答後であれば、後出しジャンケン的で、御発言の効果は減殺されるだろう。質疑の途中であれば、「可決」の内実の中に、御言葉の意思が含みこまれる。微妙だが、大きな違いになる。「近衛手記」を素直に読むと、可決の前であり、「杉山メモ」は可決の後に御言葉ありとしている。海軍次官だった沢本頼雄は戦後の手記で裁可のあととした（「歴史と人物　増刊」昭和五十八年）。いずれにしても、「しかしこの『帝国国策遂行要領』は結局可決され、幹事〔事務方の三人〕を除く全員が署名花押し、天皇は間もなく裁可されたのであった」。

態勢を立て直す杉山元参謀総長

これだけよくできた原四郎の『開戦経緯〈4〉』『開戦経緯〈5〉』であるにもかかわらず、九月六日夕方の出来事がひとつ脱落している。その記述が載っているのは同じ戦史叢書の『大本営陸軍部〈2〉』であり、筆者は島貫武治。陸士36期で、原より八年先輩、この巻の刊行は昭和四十三年なので、原四郎の本より六年前の出版である。

九月六日夕方に行く前にまた寄り道をする。御前会議の各人の発言についての島貫の評価が書かれているからこれをあらかじめ見ておく。永野と杉山の評価は原の評価とほぼ同じなので省く。近衛の会議冒頭の説明の文章は「陸海軍と内閣官房の事務当局が起草したもので、『戦争準備』とか『開戦決意』とかの文句は使用を避けているが、外交と諸般の準備の併進を建前とし、一定期間内に功を奏せざるに至りたるときは自衛上最後の手段すなわち戦争に訴えることもやむを得ないと述べている」とし、日米会談の成功に思いがいって、この日の会議を、永野修身のようには重く受けとめていないといった評価だ。

趣旨説明のなかで、近衛、杉山、永野の説明は、「陸海軍及び内閣官房事務当局が事前に調整したものであったが、外務大臣及び企画院総裁の御説明は事前調整が行われていなかった」。とくに鈴木貞一企画院総裁の説明は、日本の国力、経済力について「現状のまま推移すれば、いわゆる『ジリ貧』は必至であり、『左右』すなわち和戦いずれかに決することが『絶対に必要』であることを論じたのち、戦争の場合でも陸軍再三の物的国力判断の結論と同じようになんとかやっていけるという趣旨を述べたとみなされ得るものである」と批判している。

それでは、肝心の九月六日夕方に行く。記述では夕方とはないが、杉山は御前会議の後に、参謀本部に戻り、部下たちに報告し、また態勢を立て直したであろうから、夕方であろうと推測している。その間に昭和天皇は御学問所で生物学研究に励んでいた。

九月六日御前会議で帝国国策遂行要領が採択されたので、この日参謀総長は作戦に関する大体の計画と、それに伴う動員関係について上奏した。この日の上奏はきわめて大綱で、九月八日に正式の上奏、裁可を仰ぐ予定であった。そこで総長は、明後日作戦計画及び動員計画について御説明申し上げ、動員は三期にわけて実施することとし、明後日第一次動員下令の御允裁を戴く予定である旨を奏上した。

午前中の天皇陛下の怒りをなんとも思っていないとしか思えない、杉山元の鈍感さ、厚顔さ、あるいは昭和天皇に対する軽侮とも甘えともとれる馴れ馴れしさが、そこに感じられる。前日の五日の夕方の「太平洋は支那よりもっと広いぞ」という御発言も杉山には、馬耳東風だったのだろうか。昭和十一年の二・二六事件以降に築いてきた天皇陛下との信頼関係を過信しているのだろうか。

杉山と参謀本部としては、動員の裁可を急ぐ必要があった。海軍はすでに九月一日に戦時編制を発令して、「遂行要領」の期日、十月下旬を目途の作戦準備に着手していた。それに対して、陸軍は「関東軍特別演習（いわゆる関特演）」のために五十万人の大動員をやったばかりで、兵隊たちはソ連への攻撃態勢でソ満国境に張りついていた。それを南方に振り替えるためには、一刻も早く新たな動員の裁可が必要だった。

この動員は本日の御前会議決定に基づく本格的作戦準備のための動員であるが、なかなか御納得あらせられず、参謀総長は御説明に苦心した。やはり外交を主とする立前で、作戦準備が独走し、かえって外交の妨害となることを御配慮あらせられている趣と拝察された。

昭和天皇の厳しい拒否にあったとわかる文面である。それはそうであろう。昨日の今日どころか、今日の今日なのである。

陸軍への抵抗を弱める昭和天皇

「しまった」とやっと気づいた杉山はあわてて説明を練り直す。服部卓四郎の言い草に倣っていえば、天皇陛下を御啓蒙申し上げるためにだ。引き下がるつもりは毛頭ない。杉山は、翌七日、日曜返上で、念入りに上奏文に手を入れた。

この上奏文は、九月六日の御前会議の経過にかんがみ、外交と戦争準備とを併進させる必要についての御納得を願うために陸軍統帥部の熱誠をこめて作成したものである。作戦課の原案に対し、田中［新一］作戦部長、塚田［攻］参謀次長、杉山参謀総長が加筆修文してほとんど二倍の長文の上奏文となったものである。

田中新一も塚田攻も最強硬派である。塚田は御前会議出席者でもある。その二人が、杉山に協力して、下僚が書き上げた作文に、必死で筆を入れる姿からは、天皇陛下の権威が、そして何より御了解が必須であったことが伝わってくる。
この九月六日夕方の「仮上奏」（こんな言葉はないだろうが便宜的に使う）は、原四郎執筆の『開戦経緯〈5〉』では、行われなかったことになっている。どちらが正しい史実なのか。『開戦経緯〈5〉』にはこうある。

参謀本部作戦当局はその上奏【御前会議の決定に伴う動員計画】を、御前会議の行われた九月六日の午後、いち早く行うよう準備を進めていたが、杉山参謀総長は前記のような御前会議の空気にかんがみ、その実施を躊躇しないわけにはいかなかった。
しかしその上奏も意を決して九月八日に行われた。

「仮上奏」があったにしても、なかったにしても、実際の上奏が九月八日に行われたことには変わりはない。その上奏文は『開戦経緯〈5〉』に全文掲載されているが、二段組みで七ページあり（加筆前は三ページ半くらいの長さだったか）、いちいち読んではいられないが、ははあ、この辺は周到に加筆したなと思える箇所が多い。親切にも、原四郎は「前文」だけは原案と決定稿の両方を載せている。それを比較すると、決定稿は「過日の御前会議の御決定に基き」と、御前会議が強調され、「万全の外交手段を尽して帝国の要求貫徹に努力すべきは勿論で御座いますが」と外交第一はよく承知しておりますとへりくだり、「若し其の目的を達成し得ざる最悪の場合に於きまして」と、フェイルセーフとしての作戦準備にしかすぎないと、小手先の小細工を弄している。天皇陛下の御機嫌を損じてはいけないという、痛いほどの配慮が感じられる文章になっている。

上奏の際の御下問は、「作戦構想に就てはよく分った。南方をやって居る時北方［ソ連のこと］から重圧があったらどうするか」であった。

杉山は「天皇が一応御納得の模様に拝された」。努力の甲斐があったのである。その後、天皇の御不満が畏きあたりから伝えられてきた。

上奏後蓮沼［蕃《しげる》］侍従武官長から杉山参謀総長に対し、「敵性国家（米英等を指す）なる言葉は御上には御厭いになるにつき使用せぬこと然るべし。上奏、上聞の文章について、海軍の分は簡明なるが、陸軍の方は稍々《やや》念が入り過ぎる感がある」と申入れがあった。

長すぎる上奏文は半分裏目に出たのだった。陸海軍から派遣される侍従武官は、大元帥である天皇の軍事についての諮問に答え、また陸海軍との連絡役を務める。陸軍から五人、海軍から三人おり、侍従武官長は、陸軍軍人の指定席である。

ここで気になるのは、そもそもの根本の問題からすれば、ずいぶん些細なところに注意が喚起されていることだ。戦うか否か、国家の滅亡か興隆か、の秋《とき》である。「平和愛好の御精神」は「敵性」といった重箱の隅をつつくような御注意に還元されるようなものではないはずではないか。

そして翌九日、杉山は「前日上奏した作戦計画大綱に基づく動員の必要に関しまたも上奏を行った」。

報告は判った。動員をやって宜しい。しかし動員しても対米交渉がうまくいったら動員はやめるだろうね。

あれだけ杉山参謀総長が恐れていた最悪の事態は回避された。九月六日昼の時点からすれば大きな前進である。当初の予定よりも三日遅れにはなったが、無事、作戦準備に取りかかることができる。

問題の「仮上奏」があったかどうか。原四郎執筆の『開戦経緯〈5〉』はなかった（中止された）とし、島貫武治執筆の『大本営陸軍部〈2〉』と見解を異にする。

典拠資料は、田中新一の「回想録」と「業務日誌」（日記）で、それらは防衛研究所が所蔵する。「仮上奏」は田中の「業務日誌」が典拠であると『大本営陸軍部〈2〉』の注にあり、信憑性は戦後の回想よりも高いとするのが自然だ。

戦史叢書は一冊ごとに筆者は異なるが、「記述の内容に関する責任は、戦史室長と執筆者のみにある」と明記してある。昭和四十三年刊の『大本営陸軍部〈2〉』では島貫武治と西浦進室長となり、昭和四十九年刊の『開戦経緯〈5〉』では原四郎と島貫武治室長となる。とすると、島貫は、見解をあらためため、自説を引っ込めたのだろうか。

どちらでもいいようなことだが、『開戦経緯〈5〉』では、昭和天皇の陸軍への抵抗が、『大本営陸軍部〈2〉』の記述より明らかに弱々しい。

『大本営陸軍部〈2〉』では九月六日は「なかなか御納得あらせられず」、八日の上奏のあと、「翌九日、更に陛下の御疑念と思われる点について敷衍《ふえん》して上奏した。すなわち、南方作戦準備の秘匿のため一切の手段を尽くすこと」「陛下にはこの件について、格別の御軫念があらせられた」「総長は南部仏印への軍隊進駐が、外交交渉に支障を来たさぬよう厳重注意している旨を申し上げ、御納得を願った」、と再三の昭和天皇の抵抗を特記している。

常識的に考えれば、『大本営陸軍部〈2〉』における昭和天皇の姿のほうが、陸軍にとっては都合が悪い。まさか、昭和天皇の二度、三度にわたる抵抗を捏造することもありえないのだから、こちらの方が自然な（事実に近い）記述とも思える。この点は、防衛研究所の生資料で確認する必要がありそうだ。

「よもの海」の来歴と、昭和五十年の不思議な御言葉

ここで私が、重箱の隅をつつくような、中野重治もどきの、ちょっとの違いにこだわっているのは、九月六日夕方、八日、九日、の三回の上奏（『開戦経緯〈5〉』が正しいとすると、九月八日、九日の二回の上奏）のいずれかで、杉山元が隠し球を出したのではないかと、想定するからだ。

おそらくそれは九月八日であろう。上奏中のどこかで、昭和天皇の御機嫌がよくなくて、なか

なか上奏を御嘉納いただけない雲行きになった時に、杉山はこんなセリフを口にしたのではないか。

「お上、先般の御前会議での御言葉を、杉山は深く嚙みしめ、拳拳服膺《けんけんふくよう》しております。外交第一、それは申すまでもございません。本日の南方作戦の大綱は、万が一に備えての作戦準備に過ぎません。杉山は、御前会議から参謀本部に戻りましてすぐに、陛下の思召しを体しまして、あらためて『明治天皇御集』を拝読し、「よもの海」の御製を拝誦いたしました。それだけではいけないと思いまして、佐佐木信綱博士の『明治天皇御製謹解』と、『明治天皇御紀』の編修官でした渡辺幾治郎の『明治天皇と軍事』の両書も拝読いたし、明治大帝の平和御愛好の御精神につきまして、理解を深めることがかないました。明治大帝の御製

よもの海みなはらからと思ふ世になど波風のたちさわぐらむ（と、杉山は声を高らかに二回読みあげる）

この御製は、日露開戦決定のみぎり、明治三十七年二月四日、御前会議でやむなく開戦の御聖断を下され給いし明治大帝が、その夜に、「豈《あに》朕が志ならむや」の意を、悲痛なる調べにのせて、昭憲皇太后に示された、と。かくもありがたい大御心、平和御愛好の御精神に感激いたしております。参謀本部の部下たちは、やまと歌のこころをよくわきまえぬ粗野な武人ばかりですが、必ず、日々拝誦し、明治大帝の平和御愛好の御精神を少しでも体得するようにと、さっそく固く申

しつけた次第でございます」

もちろん、このセリフは私の想像である。今まで調べ上げてきた「よもの海」の来歴と、後に報告する昭和五十年の昭和天皇の不思議な御言葉を勘案してつくってみたセリフである。これに類した言葉が、杉山元から、ことさらにへりくだった調子で、しかも重々しい口調で、明治天皇の威を借りて、昭和天皇を恫喝するが如くに発せられたことであろう。

その言葉は、昭和天皇に重く重くのしかかる。それから三十四年後に、昭和天皇が、ある席で、思わぬ言葉を口にすることになる遠因はここにあったのではないだろうか。

第四章　「不徹底」に気づいた高松宮と山本五十六

「御前会議の不徹底につきてお話した」

昭和天皇の弟宮・高松宮の『高松宮日記』昭和十六年九月九日のなにげない記述に注目したのは、在野の昭和史研究家・鳥居民《とりいたみ》の『山本五十六の乾坤一擲』だった。

昭和天皇には三人の弟がいた。一歳違いの秩父宮は陸軍にすすみ、スポーツの宮様として親しまれ、陸軍内では実力ありと一目置かれる存在だったが、結核を発病し、昭和十六年秋には、療養生活にはいっていた。四歳下の高松宮は海軍中佐で、横須賀の海軍航空隊勤務である。十四歳下の三笠宮はまだ陸軍中尉で、昭和天皇の話し相手になるには若すぎる。であるから、なにか不測の事態が生じた場合、皇室を支えていくのは高松宮を措いていなかった。

高松宮は大正十年から昭和二十二年まで、詳しい日記を書いていた。歿後に発見された日記は、中央公論社から刊行される。宮内庁は出版に反対の意を喜久子妃殿下に伝えたが、それを押し切って「私、出すわよ」と妃殿下が決断を下した。そのお蔭で、ヴェールに包まれた宮中のさまざまが、皇族という身分を少し持て余している高松宮の、屈折した筆を通して知ることができる。

九月九日の「日記」を見よう。

一九〇〇参内。皇后様もお出ましになった。映画。海外ニュースは、今週でなく［な］るとか。あと御前会議の不徹底につきてお話した。

高松宮は在京の時は、週一、二回のペースでご機嫌伺いで、宮中に顔を出している。一週間前の九月二日の日記には「夜、映画あり、参内。皇后様、まだおかぜにてお出ましなし」とある。九月六日も「入江日記」の記述にあったように映画を鑑賞していた。映画といっても、文化映画やニュース映画がほとんどで、自由に世間に出て行動できない天皇、皇后にとって、映画は社会に開かれた小さな窓であり、波乱きわまりない世界の情勢を知る貴重な情報源であった。

上映会が終わったあと、おそらく天皇と高松宮は二人きりで話したのであろう。その内容は「御前会議における天皇の発言にたいする批判だったはずです」と、鳥居民は書いている。三日前の御前会議、それも、あえて発言をし、明治天皇の御製を読みあげた御前会議について、よりによって、弟宮が「不徹底」という評価を口にしたのである。

御前会議の場で、天皇自らが質問をするとか、会議の出席メンバーを替えて活発な意見交換をするとか、もっとやり方があったのではないか。

確かにそうなれば、御前会議は、決定に重みを加えるだけの儀式の場から、実質的な議論の場に変わる。「不徹底」などと、弟から言われずにすむ。

昭和天皇の「御前会議改革案」

昭和天皇は、言われるまでもなく「不徹底」にすでに気づいていたので、八月十一日に、内大臣の木戸幸一に、具体的な「御前会議改革案」を出して、相談している。内大臣は戦後の官制からは消えてなくなってしまった役職なので、わかりづらい。天皇を「常時輔弼《じょうじほひつ》」するのがその役割で、いわば、天皇の政治指南役、アドバイザーであった。元老の西園寺公望が高齢で半ば引退となった昭和十年代には、その役割はバージョンアップし、次期首相の奏薦にも腕をふるった。現に、昭和十六年十月の近衛内閣総辞職の後任に強硬派の東条英機をあえて据えたのは、内大臣就任一年足らずの木戸だった。

木戸は、平日は、毎日一回は拝謁し、一時間前後、たっぷりと天皇のお相手を務めている。八月十一日も、午前十時四十分から一時間拝謁していると、「木戸日記」からわかる。

従来の御前会議は如何にも形式的なるを以て、今回は充分納得の行く迄質問して見たしと思う。それについては之が構成について軍務局長等事務の者は加えず、大体左の如き構成でやって見てはどうであろうか。

首相、外務・大蔵・陸軍・海軍各大臣、企画院総裁

参謀総長、軍令部総長

之れに三元帥〔閑院宮戴仁親王・伏見宮博恭王・梨本宮守正王〕を加えた方がよいと思う。

是等の点につき首相ともよく相談して置いて貰いたい。

右拝承す。

うけたまりました（拝承す）と木戸は言うが、翌々十三日の日記に、近衛首相と懇談したと出てくるだけで、そのあとそれらしい記述は何もない。昭和天皇の「改革案」は内大臣によって、体よく却下されたのだ。

御前会議の演出家・木戸幸一内大臣

もう一度、天皇が木戸内大臣に窮状を訴えるのは、「木戸日記」の記述の限りでは、御前会議当日、開始の二十分前である。

九時四十分より九時五十五分迄、御召しにより拝謁す。本日の御前会議にて御質問相成度思召《なりたきおぼしめし》にて種々御下問ありたるを以て、余としては御疑問の重要なる点は原枢相に於て質問すべき筈なれば、陛下としては最後に今回の決定は国運を賭しての戦争ともなるべき重大なる決定なれば、統帥部に於ても外交工作の成功を齎《もたら》すべく全幅の協力をなすべしとの意味の御警告を被遊《あそばされる》ことが最も可然《しかるべき》かと奉答す。

昭和天皇は異例のやり方を提示したが、木戸は最小限に抑え込んでいる。「原枢密院議長がお上に代わって何もかも質問しますから、御警告のみにとどめて下さい」と答えて、昭和天皇を御前会議の場に送り出している。木戸のアドバイスに沿っての御発言であったことは歴然で、天皇の木戸への信頼の深さがうかがえる。

御前会議の主役は、沈黙の天皇陛下であり、呼び出し役は総理大臣、進行役は枢密院議長、出演者は出席者全員である。しかし、御前会議の演出家は、内大臣の木戸幸一であることは、これをもってあきらかだろう。

御前会議開催中、木戸は侍従たちとの会議に出席している。御年七歳の東宮（今上天皇）の「御教育に関する会議」である。同じ会議に出席した小倉庫次侍従の日記で、その会議は戦争になった場合に東宮の避難地をどこにするかの会議であることがわかる。宮中の緊張はかなり高まっているのだ。「木戸日記」では、午後にまた御前会議の話題になる。

十二時四十分、武官長【蓮沼蕃侍従武官長】と御前会議について懇談す。
一時十分より一時三十分迄、拝謁、御前会議の模様につき、御話あり。原議長の外交工作を主とするの趣旨なりや云々の質問に対し、海軍大臣より答弁し統帥部は発言せざりしに対し、最後に御発言あり、統帥部の答弁せざるを遺憾とすと仰せあり、明治天皇の御製「四方の海」の御歌を御引用に相成り、外交工作に全幅の協力をなすべき旨仰せられたる旨奉る【承る？】。

この日の記述はここまでで、御前会議が自分の振り付け通りにほぼ行われたことを確認して、帰宅の途についた。

ここで気づくことは、御製の読みあげについても、あらかじめ打ち合わせ済みであったことだ。天皇はポケットに紙片を忍ばせていたのだから、御前会議の前に、御製についても相談されたか、了解をもとめたことだろう。木戸には、御製への驚きはない。日記で御製「四方の海」としか書いていないことも、その証拠といえる。なぜなら、「よもの海」の歌い出しで始まる歌は『明治天皇御集』の中だけでも五首あり、「みなはらからと」まで書かないと、その中のどの御製か特定できないからだ。

この御製「よもの海」は、適切な選択ではなかった。明治天皇の御威光を戴いた陸軍の逆襲を許す、「不徹底」にして、間違った選歌であったのだから。木戸には大いにぬかりがあったのである。

木戸幸一は維新三傑のひとり木戸孝允の孫で、侯爵である。学習院高等科から京都帝大法学部に進み、近衛と親しく、西園寺の知遇を得た。「木戸日記」は、木戸が商工省の部長をやめて、内大臣秘書官長に就任した昭和五年から、昭和二十年十二月に巣鴨プリズンに収監されるまでの日記である。東京裁判には証拠資料として提供された。「日記」によって、昭和天皇と木戸自身の無罪が証明できる、という木戸の判断だった。それでも木戸の判決は終身刑となった。

東京裁判の訴追期間とほぼ重なる歳月を、宮中の人の出入りを中心に、几帳面に記されていたため、「木戸日記」の証拠能力は高かった。検事団にとって、被告たちを追及するのに、こんなに重宝な証拠はなかった。

「木戸日記」の記述は無味乾燥である。備え付けの監視カメラが訪問者の出入りの姿を映しているだけといった印象を受ける。訪問者の名前、要件、時間などが心覚え風に記されているのがほとんどで、拝謁時の内容が書かれている九月六日の記述は例外といっていい。官僚的用心深さで、「日記」の記述からは木戸の心の中はほとんど覗けない。

そればかりか、会った人の名前、会った事実が書かれていないことも考えられる。たとえば、『開戦経緯〈4〉』で、筆者の原四郎は、「御前会議開始に先立ち、木戸内大臣は原枢密院議長(近衛首相を交えていたかも知れない)と政府及び統帥部に対する質疑事項に関し打ち合わせを行い」と書いて、「木戸日記」は原と(近衛と)打ち合わせた事実を一言も書いていないことを暗に指摘している。確かに「木戸日記」を見る限り、なぜ枢密院議長の原嘉道が、御前会議の場で、確信を持って、天皇陛下の代わりに質問ができるのかが、納得できないのだ。

「原案の順序でよろしい」と「変更に及ばず」——九月五日夕方の「不徹底」

御前会議の「不徹底」は木戸の責任に帰すことができるかもしれない。それでは、前日、九月五日の「不徹底」はどうであろうか。

九月五日の夕刻、突然、杉山参謀総長と永野軍令部総長にお呼びがかかる。異例のことだった。参謀本部では、しばし緊張の空気が走った。明日の御前会議は開けなくなるのではないかという懸念である。この日の内奏の様子を記した当事者の証言として、「昭和天皇独白録」、「杉山メモ」、「近衛手記」の三つがあると先ほど書いたが、さらにあと二つが残されていることがわかった。

一つはもう一人の当事者である永野修身の証言である。昭和二十年十二月に、海軍の提督たちが集まって、なぜ開戦に至ったかを話し合った記録がある。毎日新聞の海軍記者だった新名丈夫《しんみょうたけお》に託され、昭和五十一年に『海軍戦争検討会議記録』として出版された。永野修身証言はその本に載っている。永野はそこで昭和十六年九月五日のことを縷々説明し、昭和天皇の御気色が和らいだところで、お伺いをたてた。

ここに於いて、永野は「原案の一項【戦争準備】と二項【外交】との順序を変更いたし申すべきや、否や」を奉問せしが、御上は「それでは原案の順序でよろしい」とおおせられたり。

もう一つは、昭和十六年九月八日に作成された「絶対極秘」と但し書きされたタイプ印刷の書類である。ここには、九月五日、六日のことが記されている。五日では、永野の大阪冬の陣の説明のあと、次の会話が掲載されている。

御上　よし解った（御気色和《やわら》げり）
近衛総理　明日の議題を変更致しますか如何取計いましょうか
御上　変更に及ばず

「独白録」における昭和天皇の回想では、「近衛は、案の第一と第二との順序を取替える事は絶対に不可能ですと云った」とあるが、永野証言と合致しない。

永野の証言は、開戦前の海軍中央の責任者など関係者十三人の座談会の場でのものである。最後の海軍大臣・米内光政が「ほんとうの歴史をのこしたい」と発議して開催されたもので、出席者には、開戦前の海軍大臣・及川古志郎、海軍次官・沢本頼雄、軍務局長・岡敬純、軍務局員・藤井茂、同・柴勝男、軍令部員・大野竹二、外務大臣・豊田貞次郎などがおり、そのうち、及川、岡、豊田は九月六日の御前会議の出席者でもある。自分よりも二まわりも若くて美人の後添えをもらって「ぐったり大将」と陰口を叩かれた永野とはいえ、このような場で、あいまいな記憶をもとにしたり、事実に反したりして、責任を天皇陛下に押しつけかねない証言をするとは考えられない。

よしんば、近衛が第一（戦争準備）と第二（外交）の順序に固執したとしても、総理大臣と軍令部総長は、陛下の前で輔弼者として同格なのだから、永野案を採ろうと、近衛発言を採ろうとどちらも可能である。

もう一つの「絶対極秘」書類はどうだろうか。これはみすず書房から平成十二年に刊行された伊藤隆編『高木惣吉　日記と情報』の上巻に収録されている。近代史の基本史料を集成した『現代史史料』を担当したみすず書房の高橋正衛と東大教授だった伊藤隆が出版の中心であったが、難航に難航を重ね、一時は出版断念の可能性もあった大冊である。海軍省官房調査課長の高木惣吉が、海軍要路に上げるために収集したもので、信頼度の高い、それもリアルタイムの情報である。「絶対極秘」のタイプ印刷を読んでも、引用部分以外の記述は他の資料とほぼ一致する。とすると、引用部分はなんらかの事情で記録されなかったか、省かれたと考えればいいのだろうか。

近衛が、明日の御前会議の議題変更を「いかが取り計らいましょうか」と直截に天皇陛下の判断を求めることは、立憲君主の建て前がある以上、舞台裏でのことであっても、望ましくないのかもしれない。このやりとりは残すに及ばず、と杉山元は判断して、「杉山メモ」にはないのではないか。「変更せよ」なら記録に残さざるをえないが、「変更に及ばず」は原案が無事通過したのだから、省略可能である。

もし「不徹底」をいうのであれば、セレモニーである御前会議では遅すぎで、差し戻し可能な五日夕方の、四人だけの場をとことん活用すべきだったのではないか。高松宮の指摘した「不徹底」には、九月五日の措置の不徹底も含まれているかもしれない。

第一と第二の入れ替えを指示、ないしは示唆すれば、それで御前会議は延期であろう。「議題の変更」であれば、さらに天皇の平和への意思が臣下に確実に伝わり、それに応えるための変更(作文の修辞をいじくる程度しかやらないかもしれないが)を余儀なくされる。参謀本部の幕僚たちが恐れていた事態だ。

「別紙」の再検討もなかった

さらに言えば、ここで「第一」と「第二」の順序にこだわって、他の指摘をしそこねていたのでは、と気にかかる。虚心坦懐に「帝国国策遂行要領」を読めば、外交を進める上で障害になるのは、付帯条項に列挙されている条件のほうだからだ。但し書きや、この「別紙」のような形で、自分たちの思い通りに法律を作成するのは、今に至るも連綿と続くお役人の常套手段ではないか。「別紙」では、「対米（英）交渉に於て帝国の達成すべき最少限度の要求事項」として、日本の支那事変処理に口出しや邪魔をするな、援蔣行為（蔣介石に物資、資金、武器などを与えたり貸したりすること）はやめろ、米英は極東での兵力を増やすな、日本の物資獲得に協力せよ、など虫のいい要求が列挙されており、これでは「外交第一」で臨んでも、すぐに暗礁にのりあげるのは必至である。「外交第一」を成功させるには、「別紙」の再検討、条件の大幅緩和をこそ伝えるべきではなかったか。これも「不徹底」のひとつである。

そのあたりをしっかりと輔弼すべきだったのは、総理大臣の近衛であり、内大臣の木戸であったろう。近衛は、ルーズヴェルトとの洋上会談に期待をかけ、太平洋上から昭和天皇の「御聖断」を仰ぎ、一挙にそうした足枷になっている条件を取っ払おうとしていた。陸軍といくら交渉を重ねても、譲歩を引き出すのは無理と判断していたからだ。しかし、このウルトラC頼みは、危険な賭けであり、アメリカがヨーロッパ戦線の帰趨を見定めて、日米会談の実現に消極的になってしまったために、水泡に帰す。

木戸幸一はどうしていたか。九月五日の「木戸日記」を見るかぎり、夕方に二回拝謁しているが、「手続につきお許しを得」るなど、事務の進行の停滞にばかり気がとられているように感じられる。

木戸が内大臣になってから、政治向きの天皇の相談役は、宮中では木戸の独占状態になっていたとは、よく言われることである。牧野伸顕《のぶあき》（大久保利通の二男。吉田茂の義父、麻生太郎の曾祖父にあたる）の内大臣時代は、たとえば侍従長の鈴木貫太郎（終戦時に昭和天皇に御聖断を仰いだ総理大臣）と宮内大臣の一木喜徳郎《いちききとくろう》（天皇機関説の提唱者）と三人で知恵を出しあってことを進めている。三本の矢が一本の矢にまさること、言うまでもない。昭和十六年の侍従長は百武《ひゃくたけ》三郎海軍大将、宮内大臣は松平恒雄である。松平は秩父宮勢津子妃の父であるが、もともとはキャリア外交官で、イギリス大使、アメリカ大使を歴任した、外交のプロである。知恵を借りない手はないのだ。

山本五十六が読みあげた、もうひとつの「よもの海」

高松宮のいう「不徹底」にいちはやく気づいた人物を、もう一人あげるならば、聯合艦隊司令長官の山本五十六海軍大将である。いや、「不徹底」というような不遜な言葉は、山本五十六にはふさわしくない。天皇陛下にたいして、山本五十六が、そんな不敬な言葉を使うはずもない。九月六日の御前会議のすべてを、山本五十六は、戦艦長門の艦上で深刻に受けとめただろう。もし日米開戦と決まれば、陣頭指揮をとるのが聯合艦隊司令長官の役割である。長期戦で日本が勝つ見込みがまったくないことを山本はよくわかっている。だから「日米戦うべからず」をことあるごとに各方面に働きかけている。はっきりわかっているだけでも、近衛首相にも、及川古志郎海相にも、永野修身軍令部総長にも。

公開の場でさえ、「日米戦うべからず」とはっきり断言するところも山本五十六らしい。九月十八日、神田の学士会館で長岡中学の同窓会が開かれた。山本は、たまたま上京中だったので出席できた。上京の目的は極秘だから、それはいくら口が軽い山本でも言わなかった。九月十一日から二十日まで、目黒の海軍大学校では、ハワイ作戦を想定して大規模図上演習が行われていた。

ふるさと越後長岡の、同窓会という気楽な集まりで、話は弾んだ。その時の記録を、長岡中学の後輩で、山本五十六の信奉者であった反町栄一が『人間山本五十六』の中で、戦後、紹介している。

出席者の一人が、「米国などあんな贅沢などして文明病に取りつかれた国民など、我大和魂に逢っては一たまりもありますまい。余りに生意気云うたら大に打こらしてやる可きでありますまいか」と怪気炎をあげた。その質問者は、わが郷土の英雄である聯合艦隊司令長官から、景気のいい決然たる言葉が出るのを期待していたろう。だが、期待は裏切られた。山本は、日本に大和魂があるなら、米軍にはアメリカ魂がある、資源と工業力も巨大だと説明して、「飛行機と軍艦では日米が先頭に立っていると思うが、併し工業力の点では全く比較にならぬ。米国の科学水準と工業力を併せ考え、またかの石油の事だけを採って見ても、日本は絶対に米国と戦うべきではない」と戒めた。駐在武官としてワシントンに滞在した時、山本はアメリカ各地をまわって、アメリカの工業力に驚嘆していた。

同窓生から、そのあともう一つの質問が出る。ここからが山本五十六の真骨頂である。

最後に他の一人が日米戦はあるでしょうか、と訊ねたところ
仇波のしづまりはてて四方の海

　のどかにならむ世をいのるかな

この明治天皇の御製の精神が実現するように、我々はあらゆる手段を尽し、絶対に戦争の不幸を避けなければならぬ。

と断言せられたのであった。

よりにもよって、明治天皇の御製を読みあげて、戦争をしてはいけないと、平和愛好の精神を明確にしたのだ。

出席していた同郷の先輩後輩には、その時、明治天皇の御製を掲げた山本の真意はわからなかっただろう。同窓会の十日ほど前の九月六日に御前会議が行われたことなど、一切報道されていない。ましてや、その最後に天皇陛下が明治天皇の御製をわなわなと手を震わせながら読み上げたことなど、知る由もないからだ。

私は以前、この『人間山本五十六』を読んで、山本の大胆不敵に驚いた。御前会議の機密漏洩と指弾されかねないような発言を、いくら郷党の集まりとはいえ、しているのかと思ったからだ。今回、読み直して、自分の記憶違いに気づいた。私の記憶の中では、読みあげられた御製は「よもの海みなはらからと思ふ世になど波風のたちさわぐらむ」になっていたのだ。あるいは記憶ちがいではなく、「よもの海」をきちんと記憶していなかったので、歌の意味の類似から、勘違いして記憶したのかもしれない。

山本五十六の読んだ御製「仇波の」は佐佐木信綱の『明治天皇御集謹解』の索引から調べると、

明治三十七年の作で、「雑の部」に分類されている。『謹解』には「『仇波』は敵を波にたとえさせ給えり。敵を平げて、四海泰平ならむ世を祈らせ給えるなり」とあり、日露開戦後の作と推定できる。

歌意は「よもの海」と大同小異ともいえるが、御製「仇波の」には、開戦したあとの和平への希求が強調され、戦争当事者である明治天皇の強い意志が感じられる。御製「よもの海」に感じ取れる、不安ともあきらめともつかない、当事者性の稀薄な詠みぶりとは対照的である。

山本五十六は、もし御前会議で明治天皇の御製を引いて「平和」を訴えるのならば、「仇波の」のほうが適切だと判断したのだろう。だからこの歌を同窓会で読みあげたと、私は解釈している。

『明治天皇御集』を愛誦していた山本五十六

なぜ、そんな解釈が下せるかというと、山本五十六は『明治天皇御集』を読み込んでいる人間だったからだ。

昭和十八年四月十八日に山本五十六がブーゲンビル島の上空で戦死し、その死が公表されたあと、五十六本の大ブームが起こる。山本元帥を顕彰し、元帥に続けと国民の意気を鼓舞する本が大量に緊急出版された。そのブームの終わりのほうで、興味深い本が一冊出版された。武井大助『山本元帥遺詠解説』という本である。昭和十八年十二月、畝傍書房刊、初版一万部である。軍神となった山本五十六の関連本は、初版二万部が相場だから、それに比べれば地味ではあるが、しろうと歌人の歌の解説書が出ること自体が奇跡だ。

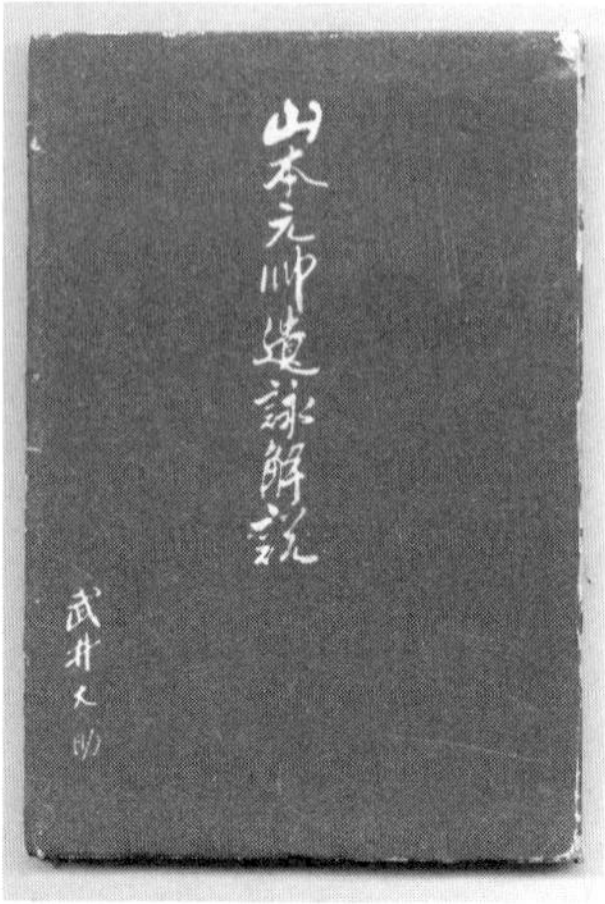
『山本元帥遺詠解説』

著者の武井大助は、現職の海軍省経理局長であり、山本とはアメリカ駐在時代に部下として仕え、一方では、山本に和歌の指南をするという関係だった。武井の歌集『大東亜戦前後』は題字を山本五十六が書いている。昭和十八年四月二十九日刊だから山本五十六は本が出る前に戦死している。題字の筆を執ったのは戦艦大和艦上かラバウル基地であろうか。

武井は東京商大を学生運動でやめ（その時の仲間に朝日新聞の緒方竹虎がいた）、海軍経理学校に進んだ。海軍経理畑の最高責任者である。阿川弘之の『山本五十六』によれば、武井は山本の「負けるに決まった戦争をやる奴があるものか」という言葉を直接聞いていた。いわば、山本の「日米戦うべからず」の同志である。『山本元帥遺詠解説』には、山本五十六の無二の親友であるにもかかわらず、山本元帥の戦死後、ずっと沈黙を守ってきた堀悌吉（五十六と海兵同期。この時点では退役して、浦賀船渠《ドック》社長）が序文を書いている。題字は米内光政である。山本五十六の同志の手になる追悼本といった性格が強い。

元帥が平常最も好んで愛誦せられたものは、第一に　明治天皇御集であり、第二に万葉集であったことは前にも述べた。殊に　明治天皇の御製は、日夕謹誦し、揮毫を求められると、多くは、場合なり人なりにふさわしいと考えられた　御製を謹写し奉った。元帥が世に遺された揮毫の大半は　明治天皇御製の御歌であるように思う。

と武井は書いて、明治天皇の御製から山本の愛誦歌十六首を挙げている。その中には「よもの海みなはらからと」も「仇波のしづまりはてて」も入っている。十六首の中には「弓矢とる国にうまれしますらをの名をあらはさむ時はこの時」があり、もし、さあ日米の戦いだ、と勇み立つのなら、この御製がぴったりだ。

山本五十六は、御前会議の詳細は当然、海軍の誰か、あるいは近衛首相から聞いて承知していただろう。そして、「よもの海みなはらからと」は引用として適切ではないとすぐにわかったはずだ。『明治天皇御集』の愛読者だったから、という単純な理由ではない。陸軍の官僚が佐佐木信綱の『明治天皇御集謹解』と渡辺幾治郎の『昭和天皇と軍事』（あるいはその増補版『明治天皇の聖徳　軍事』）のページを開いて、「よもの海」の成立事情に即した正しい解釈に気づいた、と私は想定した。山本五十六こそは間違いなく、この二冊をすでにきちんと読んでいた、と傍証からいえるのだ。

他ならぬ佐佐木信綱と他ならぬ渡辺幾治郎の他ならぬ明治天皇の本

武井大助の本には、山本が雑誌「心の花」を定期購読していたこと、それから昭和十五年十一月の紀元二千六百年奉祝会のお土産として参列者に贈呈された歴代天皇の和歌アンソロジー『列聖珠藻』が座右の書であったと出てくる（山本自身は奉祝会には参列していない。要人が参集する会場を狙って敵の爆撃があるという万が一の事態を警戒して、奉祝会当日は戦艦長門艦上で護りについていた）。「心の花」は佐佐木信綱主宰の歌誌であり、『列聖珠藻』の編者は信綱である。武井の歌の師は信綱であるから（『歌集　大東亜戦前後』の序文は信綱）、山本五十六は佐佐木信綱の孫弟子だったのだ。他ならぬ明治天皇の、他ならぬ信綱の『明治天皇御集謹解』を読んでいないはずはない。ちなみに『列聖珠藻』には、「よもの海みなはらからと」も「仇波の」も採録されている。

渡辺幾治郎の本についても、間接的に読んでいたと断定できる。やはり昭和十八年の五十六ブームの中で刊行された本に、広瀬彦太編『山本元帥　前線よりの書簡集』（東兆書院、初版二万部）がある。筆まめで、見も知らぬ少年少女からの手紙にもよく返事を書いた山本五十六が、友人知人や少国民の子供たちに書いた手紙を集成した本で、手紙には編者による解説がほどこされている。ある手紙は、長岡中学同窓会の相談で、テーブルスピーチは誰が適当かの質問に、「講演めきたるものなれば渡辺幾治郎氏の　明治天皇と憲法等は少々堅過ぎるも如何かと存じられ候」と答え、渡辺幾治郎を推薦している。

山本五十六は渡辺幾治郎の本もきちんと読んでいたことが、この文面からわかる。『明治天皇と憲法』は、『明治天皇と軍事』の前著で、同じシリーズ物の一冊である。この手紙は昭和十一年五月で、『明治天皇と軍事』出版の直前のものだ。渡辺幾治郎には昭和十九年八月刊の『史伝山本元帥』という本がある（千倉書房。初版はぐっと減って三千部。五十六本ブームは過ぎ去ったのだ）。その中で、「私も元帥と郷を同じうし、学校を同じうした関係で幸に交誼を忝《かたじけの》うしていた」と書いている。『明治天皇と軍事』は他ならぬ長岡中学の先輩の、他ならぬ明治天皇の軍事についての本なのだった。

山本五十六の関心と人脈からいって、問題の二冊の本を、山本はすでに読了していたと、断定できよう。よりによって、その二冊が、御製「よもの海」の成立の秘密に触れているのだ。宿命的なものさえ感じさせる。

長岡中学の同窓会で、「仇波の」を読んで、「日米戦うべからず」と訓戒した時には、御前会議では、せめてこちらの御製を読まれた方がよかったのにと、五十六は悔やんでいただろう。平和を願う陛下の大御心は「仇波の」のほうがストレートに伝わっただろうに。少なくも、陸軍の姑息な揚げ足取りだけは免がれたのに、と。御製一首を読みあげることであっても、その政治的影響力は、右にも左にも大きく振れる。それが、ことだまのおそろしさなのだろうか。

パロディになった「よもの海」

なお、補足して言えば、山本五十六の周辺では、御前会議で御製「よもの海」が読みあげられた事実は知られていたようだ。というのは、山本の側近の部下で、海軍の機関誌「水交」の山本元帥追悼号に、突出して長い追悼文を寄稿した三和義勇《よしたけ》海軍中佐（昭和十九年にテニアン島で玉砕）がこんなパロディを作っているからだ。

「エモの海無難とばかり思ひしになど弾丸《たま》などのおちさわぐらむ」

私はこの歌を、『祖父たちの零戦』や『特攻の真意』の著者で、NPO法人零戦の会会長の神《こう》立尚紀《だちなおき》のブログ（2013年1月10日）で知った。「エモの海」とは昭和十八年一月九日のエモ湾の敵輸送船団攻撃を指し、ラバウル航空隊の山本栄少佐の「日記」に出てくるという。山本栄中佐は、この後、昭和十九年十月の関行男隊長の敷島隊による、最初の神風特別攻撃隊の出動を命じた司令で、戦後はキリスト教に帰依し、牧師として無名の生涯を送った。

山本栄が面白味を感じて日記に書きとめたこのパロディだが、作者である三和義勇は自分自身の日記には書き残していない。昭和十八年の「三和義勇日記」は防衛省防衛研究所に所蔵されているが、パロディを作ってはみたものの、自分の日記に書き留めることは躊躇したのだろう。さもありなんである。

「よもの海」に限らず、明治天皇の御製を引用することは、昭和十六年秋、開戦か避戦かの瀬戸際では、強力な強制力を発揮できたが、危険な賭けだったともいえる。なぜなら、明治天皇の御名を持ち出すことは、自動的に栄光の明治時代の成功体験へと人を導いてしまうからだ。それは、あらゆる局面で、昭和の日本を呪縛していた。

「不徹底」をいうのであれば、明治天皇の治世を参照することが、錯覚のもとだったかもしれない。現実を直視することを避け、神国日本、大和魂、奮励努力によって、この逆境を乗り切れると、思い込ませる装置になってしまうのだから。

第二部　「よもの海」の戦後

昭和57年時（写真提供：宮内庁）

第五章　「平和愛好」へのリセット

いち早く復活した「よもの海」

昭和二十一年一月に出版された政治評論家・馬場恒吾《つねご》の『近衛内閣史論――戦争開始の真相』という本がある。馬場は、戦争中も自由主義の立場を堅持したジャーナリストで、戦後は、読売新聞社の社長となって、読売争議の収拾にあたった。『近衛内閣史論』は、近衛内閣の戦争回避の努力を評価し、「戦争は避けられた」という立場で昭和十六年の政治と外交を回顧している。

その本の中に、昭和二十年十一月執筆の「軍人の臣節」という一文がある。こんな書き出しで始まる。

　終戦後総理大臣になられた東久邇宮殿下が、何かの機会に明治天皇の御製

　　四方の海みなはらからと思ふ世になどあだ波のたちさわぐらむ

という和歌を引用された。私は新聞でそれを見たとき、ハッと思うた。それはこの御製には、大変な因縁があるからだ。

この文の後、馬場はおそらく近衛文麿から提供を受けたとおぼしき材料（近衛歿後に発表される「近衛手記」と断定できる）を使って、昭和十六年九月五日と六日の秘話を書き進めている。東久邇宮殿下とは、昭和十六年九月六日の御前会議の翌日に、東条英機陸相の訪問をうけた東久邇宮陸軍大将である。その東久邇宮首相が「よもの海」を引用したということは、戦後いち早く「よもの海」のエピソードは復活したということか。

鈴木貫太郎内閣の総辞職をうけて、東久邇宮が総理大臣に就任するのは、終戦二日後の昭和二十年八月十七日である。昭和十六年十月に、東条英機も近衛文麿も賛成した、日米避戦のための皇族内閣「幻の東久邇宮内閣」が木戸幸一内大臣の反対で潰れてから四年がたっていた。その間に、大東亜共栄圏は戦場となり、国内は焦土と化していた。

東久邇宮内閣は、GHQから、山崎巌内務大臣以下、四千人の内務省関係者罷免の指令を受けて、十月五日に総辞職した。わずか五十日の政権だから、馬場恒吾が書いた東久邇宮の「よもの海」引用は、新聞の縮刷版をひっくり返せばすぐに見つかるだろうと見当をつけた。

東久邇宮首相の施政方針演説での「復活」

その前にちょっと、パソコンで検索してみようかと「東久邇　よもの海」と打ったら、拍子抜けするくらい簡単にヒットしてしまった。東大東洋文化研究所田中明彦研究室のデータベース「世界と日本」にそれはあった。出典は、昭和二十年九月五日の臨時議会での東久邇宮総理の施政方針演説である。正式名は「戦争終結に至る経緯並《ならび》に施政方針演説」という。施政方針は長文で、力の籠ったものだった。その前半にある、「よもの海」にかかわる部分を一部省略してコピペする。

東久邇宮首相（写真提供：共同通信社／ユニフォトプレス）

恭《うやうや》しく惟《おも》いまするに、世界の平和と東亜の安定を念い、万邦共栄を冀《こいねが》うは、肇国《ちょうこく》以来帝国が以て不変の国是とする所、又固《もと》より常に大御心の存する所であります、（略）洵《まこと》に畏き極みでありますが、天皇陛下に於かせられましては、大東亜戦争勃発前、我が国が和戦を決すべき重大なる御前会議が開かれました時に、世界の大国たる我が国と米英とが、戦端を開くが如きこととなりましたならば、世界人類の蒙るべき破壊と混乱は測るべからざるものがあり、世界人類の不幸之に過ぐることとなきことを痛く御軫念《しんねん》あらせられまして、御自ら　明治天皇の「よもの海みなはらからと思ふ世になど波風のたちさわぐらむ」との御製を高らかに御詠み遊ばされ、如何にしても我が国と米英両国との間に蟠《わだか》まる誤解を一掃し、戦争の危機を克服して、世界人類の平和を維持せられることを冀われ、政府に対し、百方手段を尽くして交渉を円満に纏めるようにとのご鞭撻を賜わり、参列の諸員一同、宏大無辺の大御心に、粛然として襟を正したと云うことを漏れ承って居ります、此の大御心は、開戦後と雖《いえど》も終始変らせらる、ことなく、世界平和の確立に対し、常に海の如く広く深き　聖慮を傾けさせられたのであります、此の度新たなる事態の出現に依り、不幸我が国は非常の措置を以て、大東亜戦争の局を結ぶこととなったのでありますが、是れ亦全く世界の平和の上に深く大御心を留めさせ給う御仁慈の思召に出でたるものに外なりませぬ。

至尊の聖明を以てさえも尚お今日の非局を招来し、斯くも深く宸襟《しんきん》を悩まし奉りましたことは、臣子として洵に申訳のないことでありまして、民草の上を是程までに御軫念あらせらる、大御心に対し、我々国民は御仁慈の程を深く胆に銘じて自粛自省しなければならないと思います。

この施政方針演説は、九月六日の新聞にも全文が掲載されている。終戦後初の議会での施政方針演説だから、注目されるのは当然だが、紙面の構成を見れば明らかなように、注目点は、戦争終結の過程とこれからの日本の行く末にあり、せっかくの御製「よもの海」は注目されていない。これでは、馬場恒吾の記憶が「何かの機会に」と曖昧だったのもけだし当然だろう。

「五箇条の御誓文」もいち早く発信されていた

戦後初の帝国議会という晴れがましい場で、終戦の御詔勅からわずか三週間後に、「よもの海」は平和愛好の精神を高らかに告げた歌として、姿を現わした。陸軍から御製の解釈を奪い返した瞬間であった。この八日前には、東久邇首相は記者会見で「五箇条の御誓文」を戦後日本の指針として取り上げた。昭和二十一年元日の「人間宣言」に取り込まれるより四か月も早い。「五箇条の御誓文」といい、「よもの海」といい、戦後の皇室にとっての最も重要なカードは、宮中からいち早く発信されている。誰がグランドデザインを描いたのかはわからないが、二千六百年にわたってサバイバルしてきただけの実力が如実に感じられる。みごとな政治力である。

ＮＨＫの戦争証言アーカイブスには当時の国策ニュースフィルム「日本ニュース」がアップされ、いつでも見られるようになっている。昭和二十年九月十二日公開の「日本ニュース第２５６号」に、施政方針のニュースが入っている。全体で十分五十七秒のうち、施政方針演説は三分五十秒と長い。しかし、２５６号は、コーンパイプをくわえたマッカーサーの厚木到着（八月三十日）、ミズーリ号艦上での降伏文書調印（九月二日）と超弩級の大ニュースが先にきている。ミズーリ号の映像のＢＧＭはアメリカ国歌「星条旗よ永遠なれ」である。

このＮＨＫのアーカイブスは、音声を文字テキスト化してくれている。この時代は耳からでは意味不明の用語、漢語が多用されているので大変ありがたい。東久邇宮演説のニュース性がどこにあったかがよくわかるので、「脱帽　首相宮殿下御演説」の文字テキストもコピペする。

第88臨時議会第2日の9月5日、東久邇総理大臣宮殿下には、施政方針を御演説あそばされました。

＜東久邇総理大臣：

先に畏（かしこ）くも大詔を拝し、帝国は米英ソ支四国の共同宣言を受諾し、大東亜戦争は茲（ここ）に非常の措置を以（もっ）て其の局を結ぶこととなりました。連合国軍は既に我が本土に進駐して居ります。事態は有史以来のことであります。三千年の歴史に於（おい）て、最も重大局面と申さねばなりません。

今日に於て尚、現実の前に眼を覆い、当面を糊塗（こと）して自ら慰めんとすること、又（また）激情に駆られて事端を滋くするが如きことは、到底国運の恢弘（かいこう）を期する所以（ゆえん）ではありません。一言一行悉（ことごと）く、天皇に絶対帰一し奉り、苟（いやし）くも過たざることこそ、臣子の本分であります。我々臣民は大詔の御誡（いまし）めを畏み、堪え難きを堪え、忍び難きを忍んで、今日の敗戦の事実を甘受し、断乎（だんこ）たる大国民の矜持（きょうじ）を以て、潔く自ら誓約せる　ポツダム宣言を誠実に履行し、誓って信義を世界に示さんとするものであります。

今や歴史の転機に当り、国歩艱難（かんなん）、各方面に亘（わた）る戦後の再建は極めて多難なるものがあります。戦いは終りました。併（しか）しながら我々の前途は益々（ますます）多難であります。詔書にも拝しまする如く、今後帝国の受くべき苦難は蓋（けだ）し尋常一様のものではありません。

固より政府と致しましては衣食住、各方面に亘り、戦後に於ける国民生活の安定に特に意を注ぎ、凡（あら）ゆる部面に於いて急速に万全の施策を講じて参る考えであります。併し戦争の終結に依（よ）って直ちに過去の安易なる生活への復帰を夢見るが如き者ありと致しますならば、思わざるも甚だしきもので、将来の建設の如きは到底期し得ないのであります。我々の前途は遠く且（か）つ苦難に満ちて居ります。併しながら　御詔書にも御諭しを拝する如く、我々国民は固く神州不滅を信じ、如何（いか）なる事態に於きましても、飽（あ）くまでも帝国の前途に希望を失うことなく、何処（どこ）までも努力を尽（つく）さねばならぬのであります。

これが帝国議会の戦後の出発点だった。終戦の御詔勅にあった「堪え難きを堪え、忍び難きを忍び」を再確認し、未来志向で、これからも続く国難を覚悟せよと呼びかけ、疲弊しきった国民を励ますメッセージが伝わってくる。

メリハリのよくきいた演説で、ニュース映像に映る東久邇首相の元気溌剌、およそ陰影というものを感じさせない天性の明るさは、一億国民が打ちひしがれた時代にはうってつけだったろう。絶妙の総理大臣起用であると感心する。若い時の東久邇宮を以前、写真で見た時は、若き日の中曽根康弘を彷彿とさせたが、映像で見る東久邇首相の顔と雰囲気は、総理大臣だった時の麻生太郎になぜか似ている。ＮＨＫのアーカイブスで、「日本ニュース」を見ることをお勧めする。

元「ミスター朝日」の緒方竹虎が演説草稿を書いた

東久邇首相は、万事「よきにはからえ」という鷹揚なタイプの為政者だった。演説草稿を書いたのは、国務大臣兼内閣書記官長の緒方竹虎だった。緒方とは、共通の趣味である乗馬を通じて親しくなっていた。陸軍省構内の馬場は、緒方としては新聞記者の本能で趣味を兼ねた取材源探しだったのだろう。緒方の朝日新聞時代の部下だった高宮太平の『人間緒方竹虎』によると、緒方の陸軍のネタ元は、杉山元と小磯国昭だったという。そのつながりで緒方は、東条内閣の次の小磯内閣に、国務大臣兼情報局総裁として入閣する。新聞人から政治家への転身だった。

緒方竹虎（写真提供：共同通信社／ユニフォトプレス）

東久邇内閣は「緒方内閣」ともいわれた。文部大臣には朝日出身の前田多門を起用し、東久邇や緒方の秘書官には朝日時代の腹心を何人も配していた。

組閣の段階から緒方が相談にあずかり、政治経験のない宮様を緒方が下支えした。

> 殊に首相の演説とか放送などの原稿は悉く自ら執筆した。秘書官などに書かせるにしても、結局はその概要なり要旨を口授せねばならぬ。それなら持ちつけた筆であるから、自ら巻紙を展べて書いた方が早い。けれども、それも一度や二度なら、或はその執筆専門なら兎も角、昼は昼で各省との折衝、首相への面会者との下打合せなど、寸刻の余裕もない。結局筆はその多忙の間に、または夜間に執るのだから、二十四時間労働である。手近な所を拾ってみても、八月十七日の首相の組閣声明、十八日の首相訓示、二十五日の情報局総裁として「連合軍の進駐

を前にして」という放送、首相の八月二十八日の衆議院との懇談会の挨拶、同日の首相談話、同二十九日の新聞記者団との会見談等枚挙に遑《いとま》はない。特に力を入れたのは後掲の議会における首相の演説［九月五日の施政方針演説のこと］で最後は十月五日、首相の総辞職決行の決意声明である。これらは悉く緒方が肝脳を絞った労作である。（『人間緒方竹虎』）

このように緒方の手取り足取りだったことを、東久邇は隠すことなく、天真爛漫に語っていた。そこがまた宮様らしい。「私は不慣れなものですから、施政方針の演説の草稿を作って貰ったが、読むんじゃない、演説だから［紙を］手に持ってはいけないんだそうですね。（略）あの草稿を手にもってはいけない。下［演壇］に置くのはいい」（「緒方竹虎伝記編纂資料」国会図書館憲政資料室蔵）

確かに「日本ニュース」では、その紙を机上に置き、ちらちら見ながらも、みごとに檜舞台をこなしている。

この演説は九月一日を予定して準備されたが、降伏調印が遅れたので、五日にずれこんだ。演説原稿ができあがるまでにはさまざまな意見調整、折衝が行なわれた。東久邇は昭和二十二年四月に出した回想録『私の記録』で、その顚末を記している。

議会は、九月四、五日の二日間開かれ、私は生れて初めての演説をしたが、その私の施政演説についても、事前にいろんな意見が出た。

殊に陸軍がやかましかった。陸軍はまだ戦争らしい戦争をしていない、陸軍は本土作戦になって、はじめて機動性のある作戦をするつもりで、従って陸軍としてはまだ敗けていないのだから、「敗戦ということは困る」——字句についてもその辺の用意を示してもらわないと、到底部内の統制がつかないという、実に飛んでもない話である。

軍務局長［吉積正雄］は書記官長［緒方竹虎］のところに、参謀本部の某々部長は私のところに、その他いろんな方面を動員して、いろんな抗議をして来る。勿論、私としても、好んで事を困難にするつもりはなく、当局者の苦心も諒とするのであるが、すでに陛下が身をもって敗戦の責に当ろうとなされている時に、余りといえば得手勝手である。小さい字句の末——「失敗」を「必ずしも成功せず」というぐらい——はともかくとして、私は断乎として軍の抗議を拒絶した。

わずか五十日の政権のなかで、東久邇首相にとってのハイライトが、この演説だったことがよくわかる。陸軍の交渉スタイルは、戦時中とちっとも変っていなかったことも、これでわかる。字句の細かい訂正、いろいろなルートを使っての圧力、負けたのは海軍であって陸軍ではない、という自負。これらのことをより生々しく証言しているのが、陸軍大臣の下村定《さだむ》である。

「よもの海」は国内よりも海外を意識していたか

下村定は東久邇宮とは陸士同期で（20期）、以来親しくしていた。陸軍が三長官会議という正式な手続きを踏んで選んだ陸相候補は土肥原賢二（大将。満洲のアラビアのロレンスといわれた。東京裁判で絞首刑）だった。東久邇はその人事を拒否し、北支那方面軍司令官だった下村大将を日本に呼び戻した。下村が任命されたのは八月二十三日である。下村の発言で当時の裏事情がよくわかるので、長めに引用する（「緒方竹虎伝記編纂資料」内閣閣僚座談会より）。

帝国議会に先立って演説案の審議がありました。この演説は内外注目の的でありまして、非常に当時として重要なものであります。その御演説のなかの重要な一部分としましては国民に対して敗戦のいきさつというものを率直に知らせるという御意図であったと考えます。（略）私はその御意図を拝承しましたので、その演説の第一案が廻ってきますと、すぐに陸軍省の主な職員を集めまして、いまの御趣旨を伝えて、そうして研究を命じて、閣議に出したものを取捨して、一応閣議で私が申すべき案をつくった。同時にその時に私は次の二つのことを職員に申しました。

その一つは、これは敗戦のいきさつを国民に率直に知らせるのであるから、もし政府当局から要求があったならば、たといそれが陸軍のために、少し都合が悪いことでも、かくさずに全部出す。それが一つ。

第二には、きょうここで研究して、とに角修正意見というものを自分が決裁したが、これは私が閣議に出て、自分からいうから、それ以外のものが勝手に政府当局に連絡して、いろんなことをいってはいけない。この二つのことをいって私閣議に出ました。

閣議では当時の海軍大臣、おられなくて、ちょっと残念でありますが、米内〔光政〕大将はほとんど一言もいわない。小畑〔敏四郎《としろう》〕国務大臣、これは元陸軍大将ですが、この方は私の意外に思うほど強硬に、国民を刺激するような文句を使ってはいけないということをいわれました。

私はさっき申しましたように、幕僚との約束で、比較的少数の修正意見を出したのであります。（少数のものは直接）緒方さんのところに、ひそかにゆきまして、私のいうたこと以外に独自の主張をしたということを、後に緒方さんから承りまして、非常に残念に思ったのですがしかし幸いに、この一部の幕僚のやった行いは、緒方さんの極めて毅然たる態度によって一蹴されました。

したがって演説の原案は、そのために汚されることはなかったのです。逆にこれが一つの動機になりまして、私に記憶しておりますところでは、その後においては、いままでのような幕僚の蔭の策動というか、大臣をさしおいて、勝手によそと交渉するという戦争時代からの弊風というものは跡を絶ったように思っております。

この下村発言で、とくに注目したいのは、この演説が「内外注目の的」だったことと、演説草案の「第一案」がたたき台として廻され、閣議で修正がなされていることである。陸軍官僚の容《よう》喙《かい》は敗戦経緯に集中しているように読める。そもそも演説のタイトルからして、「戦争終結に至る経緯並に施政方針演説」なのであるから、陸軍が躍起になるのは当然といえよう。開戦経緯の前におかれた「よもの海」のエピソードが問題になった形跡はここからではうかがえない。あるいは、閣議の場では、その部分は割愛されていたのか。

「内外注目の的」とはいえ、陸軍の要求は内向きである。むしろ「外（外国）」を強く意識していたのが、「よもの海」の部分なのだろう。

日本再建の家長は天皇陛下である

草稿を書いた緒方竹虎側からみると、このごたごたは、どう映っていたのだろうか。高宮太平の『人間緒方竹虎』から引く。

このときの首相演説は緒方が彫心鏤骨《ちょうしんるこつ》の一文で、正に歴史的文献といってよいものであるが、（略）この草案を作成しているときのことを緒方は次のように書いている。

「……総理大臣から出来るだけ詳しい演説をすることにして、その草案を作っていると、海軍は何も言わなかったが、陸軍の方から『この戦争は海軍が敗けたので陸軍はまだ敗けていない。陸軍は戦さらしい戦さはしていないのだから、総理の演説の中に陸軍も敗けたように言われることは甚だ好ましくない』といって、総理の所へも僕の所へも押しかけて来た。その態度には実に驚き入ったけれども、それに対して総理大臣は、実にテキパキと陸軍の不平を蹴飛ばした。『自分は太平洋戦争がこうなるまでに、幾度か東条その他の軍当局者に会って自分の意見を述べたが、曾て自分の意見が用いられたことはない。現在は自分が総理大臣であり、陸軍大臣であるから［下村定が就任するまで陸相を兼任していた］、総てを自分の判断において決める。今になって、くだらぬ不平を言っても一切採りあげない』といわれた」

緒方竹虎は東久邇宮首相の果敢な政治力を高く評価している。陸軍の要求をぴしゃりと撥ねつけるところはなかなかだ。東久邇宮の強い要望にもかかわらず、石原莞爾の予備役編入を、東条が強行したことなど、首相には苦い記憶がたくさんあったのだろう。

緒方の回想でも、陸軍は敗戦経緯にしか関心を示していない。開戦経緯、つまり開戦責任は、むしろ「外」＝連合国側の注目点だったのだろう。その関心にこたえるという点では、演説に「よもの海」を入れたのは成功である。演説のタイトルを見る限りでは、開戦に触れなくてもさしつかえないからだ。ただし、皇室の存在を強調することは、「内」に対しても重要だった。緒方の気持ちを代弁して、高宮は続けている。

首相の敗戦経過報告は九千字に及ぶもので、恐らく空前にして絶後だろう。演説中特に目につくものは、戦時中まで多少の破綻はあっても国民の中に培われて来た挙国一家の観念を、将来に維持することによって日本再建の基盤としようという所にあった。その挙国一家には当然家長がある。家長はいうまでもなく皇室である。天皇陛下である。陛下は「朕は常に国民と一緒にいる」と詔書にいわれているが、一緒に居るということは苦楽を偕《とも》にするという御決心の表現である。この家長の下に整斉協力、乏しきを頒《わか》ち苦難を共にして努力精進するにおいては、日本の信義を世界に発揚し得ると共に、繁栄も亦期して持ち得るという思想である。

この高宮の文章からは、緒方が施政方針演説に、皇室の侵すべからざるを書き込んだとみえる。敗戦というもう一つの非常時に、皇室の権威におすがりして、皇室内閣という特別体制をとったのだから当然ともいえる。『人間緒方竹虎』を額面通りに受けとめれば、御製「よもの海」のエピソードをことさら入れたのは緒方となる。

昭和十七年三月十日の記事掲載の最高責任者は緒方だった

緒方は昭和十七年六月に、長年にわたった朝日の編集担当責任者の職をはずされた。緒方に重用された元朝日新聞論説委員・尾崎秀実がゾルゲ事件で国際スパイとして逮捕され、その余波による社内処分だった。

ということは、昭和十七年三月十日の陸軍記念日当時には、緒方は編集担当責任者であり、あの記事掲載の最高責任者ということになる。名のみでなく、名実ともに紙面にも深くタッチしていたことは、朝日の海軍省担当記者だった杉本健の『海軍の昭和史——提督と新聞記者』を読むとわかる。

このころ、朝日新聞社では、編集局の最高幹部［緒方、美土路《みどろ》昌一《ますいち》編集総長、野村秀雄編集局長、千葉雄次郎編集局次長」に、政経、欧米、東亜、整理、社会各部長と政治経済部の陸軍、海軍、外務省、首相官邸担当の主任記者とが集っての会議がもたれていた。はじめは、何か大きな動きがあると、そのつど開かれることになっていたが、十一月の末から十二月に入って、日米交渉がいよいよ重大局面を迎えるようになったため、ほとんど毎晩のように行なわれた。

この会議の席上で、その日その日の戦局、政局の動きを検討し、それによって紙面の編集方針や、特派員の配置計画などまで相談することになっていた。大阪から上京して来た村山長挙《ながたか》社長が顔を出して、葉巻の煙をゆるやかにくゆらせながら、会議にのぼる話題をじっと聞き入っていることもあったので、いつとはなしに、宮中で開くそれになぞらえて〝御前会議〟と呼ばれるようになったのである。

朝日にも御前会議があったとは驚きである（おそらく、岸和田藩の殿様の息子で、大株主のオーナー社長がほとんど発言しないことも、あてこすっているのだろう）。それよりもいま大事なのは、昭和十七年春にも、この会議は行われていたであろうということで、元帝室編修官・渡辺幾治郎に取材した陸軍記念日の記事の示唆するところは、緒方以下の朝日の編集幹部はよく承知していたということだ。この記事が実は、開戦経緯の重要な一コマである御製「よもの海」をめぐる秘話であるということを。情報の入手者が誰かはまったくわからないが、もしもこの情報を入手したのが緒方だったとすれば、その情報源は杉山元だった可能性が高い。先ほど高宮太平の本で引用したように「緒方の陸軍のネタ元は、杉山元と小磯国昭だった」からだ。小磯は朝鮮総督だったので、東京にはいなかった。

朝日新聞社の社史をみても、この「スクープ」記事は注目されていない。せっかくの手柄であるのに。もったいないことだ。しかし、朝日新聞社の奥深くに眠っている豊富な社内資料の中に、その証拠があるのではないか、と私は期待している。『新聞と戦争』など、特別取材班が自社の歴史を批判的に点検することは朝日新聞のお家芸だからだ。

「よもの海」復活の仕掛け人は誰か

国会の東久邇首相の施政方針演説を使って、緒方竹虎は、三年半前の記事の訂正（「記事の取消し」という方があたっているかもしれない）をした――というのが私の見立てなのだが、結果的にはそう言えても、真実は別の動きと考えた方が歴史の真実には近づくだろう。東久邇宮の昭和二十年九月十四日の記述に次のようにあるからだ（なお以後は未刊行の「東久邇日誌」によらず、昭和四十三年刊の『東久邇日記』による。終戦の時期の日記は後年に加筆したのは明瞭だが、刊本のほうが情報量が多いため、そうする）。

> 私は内閣組織の直後、日華事変、太平洋戦争の開始当時の事情に詳しい近衛公、木戸内大臣と、天皇の戦争責任について慎重に話し合った。外務省その他でも研究してもらったが、各省大臣は各省政務について直接、天皇補ひつ［輔弼］の責任があるのだから、法律上天皇には戦争の責任がないと意見が一致した。ただ、天皇は道徳上、祖先に対し国家国民に対し、責任を

負って退位した方がよいとの意見も一部にはあった。その時期は、新憲法発布のとき、あるいは講和条約調印後がよいというものもあった。木戸内大臣の話では、天皇陛下は御自身で戦争責任を深く感ぜられ、国家国民のためならば自分はどうなってもよろしい、といわれたそうで、御退位するにしても、その時期について見通しがつかなかった。

この記述を信じるならば、東久邇、木戸、近衛の三人が昭和天皇の御意向を踏まえて、施政方針の大綱を決めたのではないか。終戦から九月五日までの「木戸日記」と『東久邇日記』で、人の出入りを調べると、緒方は思いのほか少ない。「木戸日記」では、八月二十七日「表拝謁の間にて新閣僚に賜茶あり」の一回だけ、『東久邇日記』でも同様であった。近衛は組閣の後は、フェイドアウトするかのように出番が少ない。東久邇と木戸はほぼ毎日拝謁している。おそらく昭和天皇は木戸と東久邇の二人に相談しながら（輔弼を受けながら）、宮内大臣府や侍従職の意見も参考にし、御製「よもの海」の取り扱いを決めたのであろう。昭和二十一年の「人間宣言」に盛り込まれた「五箇条の御誓文」が、すでに八月二十八日の首相談話に取り込まれていることからも、それは言えそうだ。

かくして、施政方針前日の九月四日、「四時、首相宮御参内、議会演説を奏上せらる」と「木戸日記」は記した。

せっかくの苦心作が、あまり話題にのぼらなかったことは先ほど述べた。演説を聞いたり読んだりした国民の反応もいまいちだった。内務省が調べた議会演説の反響レポートがある（粟屋憲太郎編『資料日本現代史』所収)。有識者から庶民層にまで聴き取りをしている。サンプル数は五十人と少ないが、「よもの海」に反応したのは二人しかいない。その一人、「浅草某町会長」の感想は模範回答である。「戦争勃発前、陛下が明治大帝の御歌を詠ぜられ、戦争の勃発する事を非常に御軫念遊ばされたとの事である。／御偉い方が出来得る限りの努力は致したのでしょうが、結果は国運を賭する大戦となり、敗戦となり、国家と国民を暗澹たるどん底へたたき落して終った。実に不忠の臣不忠の民の多かった事を遺憾に思う次第である」

むしろ、「よもの海」が広く国民の注目を集めたのは、自決した近衛文麿の手記で、その場面が載った朝日新聞が出た、暮れの十二月二十八日以降であろう。

東京裁判で九月六日はいかに語られたか

昭和十六年九月六日の御前会議は、市ヶ谷の東京裁判の法廷では、当然、取り上げられた。

東京裁判に臨む政府の大方針は、まず第一に、天皇陛下に責任を及ぼさないようにすること、第二に、国家弁護によって大日本帝国の方針を擁護することだった。

二十八人の被告たちの中で、木戸幸一は異色だった。木戸は、政府の大方針の「国家弁護」よりも「個人弁護」を重視する異例の方針をとった。そのために他の被告たちから白眼視されていた。

木戸の「個人弁護」の理屈は、昭和二十年十二月十日の「木戸日記」でわかる。その四日前に、木戸には近衛文麿らとともにマッカーサー司令部から逮捕令がでた。昭和天皇は木戸を「米国より見れば犯罪人ならんも我国にとりては功労者なり」と擁護し、「御相伴の御召」があった。それが実現したのが十二月十日である。

聖上より今回は誠に気の毒ではあるが、どうか身体に気を付けて、予《かね》てお互に話合って居り、私の心境はすっかり承知のことと思うから、充分説明して貰いたいとの意味の御諚《ごじょう》あり。誓って聖旨に副い奉るべき旨、謹みて奉答す。拝謁中、四方山の御話あり、約三十分にして退下せんとするに当り、聖上御手ずから硯を賜り、之は政務室にて使用し居りたる硯なるが永く紀念として遺すとの御言葉あり。感泣、永く家宝として襲蔵すべき旨を奉答す。（略）

帰途、和田を訪う。都留君より米国の考え方は内大臣が罪を被れば陛下が無罪となるると云うにはあらず、内大臣が無罪なれば陛下も無罪、内大臣が有罪なれば陛下も有罪と云う考え方なる故、充分弁護等につき考うるの要ある旨話あり。何か腹の決まりたる様な感を得たり。

「和田」は、木戸の実弟で東大航空研究所所長だった和田小六。「都留」は、和田の女婿の都留《つる》重人（のち一橋大学教授）である。ハーヴァード出身でＧＨＱ内部と繋がりの深い都留が伝えた内部情報が、「内大臣が無罪なれば陛下も無罪、内大臣が有罪なれば陛下も有罪」だった。

中国撤兵拒否だったと証言する木戸被告

では、被告側の個人反証から、木戸と東条の発言を点検してみよう。以下は主に朝日新聞法廷記者団著『東京裁判』に拠った。

昭和二十二年十月、木戸幸一の口供書が三日間にわたって読み上げられた。余りに長すぎるということで、主席検事のキーナンから異議申し立てが出たほどである。

九月六日の御前会議については、次のように弁護の供述を展開している。まず、自分は日米戦争回避を献策していたこと、近衛に「今こそ政府は具体的建設的意見を提出して、陸軍側が開戦へ突進するのを阻止し、政府の政策に歩調を揃えしめる見地において、この政府側意見を陸軍側が受諾するや否やを明確に把握すべき時である」と助言した。しかるに近衛は「この方向に向って進むこと無くかえって昭和十六年九月六日の宿命的な御前会議にまでもっていってしまった上は如何とも後事の及ばざる処でありました」と嘆いている。そして自分は警視庁から警護の警官が十人もついていたくらい、親米英的反軍国主義的立場だったと弁明している。九月五日、六日については証拠として提出した「木戸日記」をもとに話しているので、面白味は少ない。ただ、「陛下の御召しを受ける前に即ちその翌朝昭和十六年九月六日に、私は原氏〔原嘉道枢密院議長〕に御前会議においては戦争準備よりもむしろ外交交渉の継続に重点を置いた若干の質問をするように提案しました」と、日記には記述していない裏工作について述べている。「よもの海」については、

陛下は明治天皇の御製の
四方の海みなはらからと思ふ世になどなみかぜの立ちさわぐらむ

と云う和歌を御読み上げになって、外交交渉に全面的協力を尽すべきことを統帥部に命ぜられ以って如何にもして戦争を回避し度《た》き陛下の思召を明らかにせられたのでありました。

と書いている。御製の表記が、正式表記と違った漢字と仮名が使われているのは不注意なのか、軽々しい態度で解せない。くだって十月に入り、木戸は近衛に「陸軍は戦争に熱中し戦闘を全面的に終止する如き案には耳をかさないことを承知して居たので、若《も》し飽くまで戦いをすると云うならばせめて陸軍の活動を中国に限定することを示唆した」。これで「米国との衝突は避けられるものと私は考えました」と証言する。もし、本当にそんな案を考えていたとしたら、木戸の現実認識は落第点である。アメリカの日本への要求の最重要項目は、中国からの撤兵である。この木戸の意見は、中国撤兵拒否であり、これこそ陸軍の意向とぴったり一致してしまう。この意見を東京裁判の法廷で開陳するのは異常である。

「よもの海」に言及しない東条被告

東条の弁論は昭和二十二年の暮れから正月にかけて行われた。東条の口供書は自身が原稿をあらためること四度、「これでもう思いのこすことはない」と述懐したものだ。

九月六日の御前会議については、「この案〔帝国国策遂行要領〕はこれより一両日前の連絡会議で内容が定められたのであって、統帥部の要求に端を発し、その提案にかかる。私は陸軍大臣としてこれに関与した」とだけ述べ、あとはかかる国策が必要になった国際情勢の説明に費やしている。したがって、御前会議の詳細には一切触れていない。木戸の口述書とちがって、「よもの海」のことも出てこない。御製「よもの海」が読みあげられたことに重きをおいていない、ということだろう。それとも、「よもの海」はなかったことに東条はしたいのだろうか。

東条の弁護人だった塩原時三郎が占領終了直後、昭和二十七年八月に出した『東条メモ――かくて天皇は救われた』には、検事側から御前会議での昭和天皇の「唯一回の発言」について質問を受けた部分が掲載されている。東条はこう答えた。

それは、九月六日の会議であったと思います。(略) 出席者が、種々の意見を開陳した後に、天皇は最後のお言葉として次のような趣旨のことを申されました。即ち、外交による事態落著のため、また戦争を避けるためには、あらゆる努力を為すべきであると申されました。これはその場だけの陛下の御意見ではなかったのです。陛下は常にそう感ぜられていました。私は陛下に、軍事に関し奏上する機会が幾度もありましたが、陛下は常にそのような御意見を持っておられたのです。宣戦の草案が内閣により準備された後、私はそれを陛下へ奉呈しました。たしか、一九四一年十二月五日か或いは六日と記憶しています。すると陛下自身、米英との戦端開始には関係なく、「寔《まこと》に止むを得ざるものあり。豈、朕が志ならんや」という文句を挿入されました。

陛下が御自身でそのようなものに御意見を挿入されたのは、私の経験ではそれが始めてです。

ここでも「よもの海」に対する言及はない。避けているのだろうか。あるのは御製「よもの海」に託された明治天皇の精神であり、偉大なる祖父をお手本にしている昭和天皇の姿である。国の内外で注目された尋問も終えた後、東条はその心境を外国記者の求めに応じて語った。これはなかなか周到な言葉で、偽らざる心境を吐露していると思えるので、朝日新聞法廷記者団著『東京裁判』から引用しておきたい。

この際特に申上げることはありませんが、私の心境はたんたんたるもので、ただ靖国神社の祭霊と戦争により戦災をこうむられた方々の心になって述べたつもりです。言葉は完全に意をつくしておりませんが事柄だけは正しく述べたつもりです。もし私にここで希望をいうことが許されるならば、二つの希望が残っている。この裁判の事件は昭和三年来の事柄に限って審理しているが、三百年以前少なくとも阿片戦争までにさかのぼって調査されたら事件の原因結果がよく判ると思う。またおよそ戦争にしろ外交にしろすべて相手のあることであり、相手の人々、相手の政府と共に審理の対象となったならば事件の本質は一層明確になるでしょう。

第六章　映画『明治天皇と日露大戦争』の「よもの海」

「御製で明治天皇の感情を表現する」

平和の回復と戦後の復興が進むにつれ、「よもの海」の平和のメッセージは浸透していった。その例として一つだけ挙げておこう。昭和三十二年に封切られ空前の大ヒットとなった映画『明治天皇と日露大戦争』である。アラカンこと嵐寛寿郎が明治天皇に扮している。「明治天皇なんて、そんな役をやる役者はいませんよ。わたしはいやです」とアラカンは断ったが、説得に負け、「今まで、誰も天皇さんなんかやった役者はいない……それだったら、わしがやってみようか」と、たびたび明治神宮に参拝して役作りに励んだ。

皇室関係の人々の意見で、わたくしの後のセリフの小さいところでも、たとえば「なになに、せよ」というところは「なになに、するように」とおだやかに云うほうがよろしい、といったことまで注意の通りに実行してきました。（「アラカン・天皇記」「特集文藝春秋　映画読本」）

監督の渡辺邦男は、戦後の東宝争議では組合側によって人民裁判にかけられた、反共の天皇主義者だった。東宝を辞めて新東宝に行き、早撮りの名人として、映画会社に貢献するところ大の、職人肌の監督で、「渡辺天皇」というあだ名があった。映画界の「天皇」といえば、監督の黒澤明、カメラマンの宮島義勇《よしお》が有名である。黒澤はその専制的な完璧主義からで、宮島は東宝争議で組合側のリーダーだった。二人に比べると「渡辺天皇」は影が薄いが、明治天皇を撮った監督、人民裁判にかけられた人物ということで、天皇に格上げになったのであろうか。

渡辺邦男は早稲田大学時代には、実践活動をしながらマルクスの「資本論」を研究する学者志望の左翼だった。転向後に映画界入りし、生涯に二百本以上の映画を早撮りした。昭和史関係に限っても記憶に残っているものがいくつもある。長谷川一夫と李香蘭《りこうらん》が主演して大ヒットした『白蘭《びゃくらん》の歌』(昭和十四年)と『熱砂の誓い』(昭和十五年)は日満親善、日支親善を謳い上げていた。満洲ロケ、北京ロケがふんだんに盛り込まれ、異国情緒と大陸娘の純愛が日本男児の心をくすぐる仕掛けになっていた。『決戦の大空へ』(昭和十八年)は、挿入歌の西条八十《やそ》作詞、古関裕而《こせきゆうじ》作曲の「若鷲の歌」があまりに有名だが、霞ヶ浦の予科練にカメラを持ち込んで訓練するさまを収め、少年たちの空への志願をかきたてた。戦後の『異国の丘』(昭和二十四年)はシベリアに抑留された日本人たちに自然発生的に歌われた吉田正のメロディをもとに作られ、シベリア抑留の苦難と悲劇を訴えていた。

『明治天皇と日露大戦争』は前人未到のジャンルであったから、映画作りは大変だった。超大作にもかかわらず、撮影は三十日で撮り上げたが、会話のスピードをどうするか、右翼左翼の妨害はないかなど難問は山積みだった。工夫を凝らしたのは脚本だった。原作も兼ねた渡辺監督は、まず明治天皇の資料を積み上げ、史実を研究した（脚本・舘岡謙之助）。

天皇を主役に置く以上、どうしても天皇に口を開かせなければならない、ところが天皇は一体自分のことを「俺」というのか「私」というのか、それとも、例の詔勅のように「朕」というのかわからない。

そこで御製を沢山用意してこれで天皇の感情を表現し、あとは一人称無しで逃げようということになった。あの映画を注意して観られた方にはお分りのことと思うが、天皇の科白の中には一人称がひとつも入っていない。もしも朕という言葉が入れば、今の人達はきっと笑い出すに違いない。（「早撮り名人の秘訣」同）

『明治天皇と日露大戦争』（新東宝、1957）DVD（販売元：バップ）

御製を思いついたのはさすがである。明治天皇の一人称は「わし」が正しいのだが、アラカンが史実通りに「わし」と言っても、違和感は残るだろう。

アラカンの明治天皇が物思いにふけるシーンで

渡辺監督の姉に一色ゆりという人がいる。津田英学塾を出て、アメリカのアーラム大学に留学した。帰国後は師である河井道の恵泉女学園で、河井を助けた。一色ゆりが留学中に親しくなった人物に、ボナー・フェラーズという男性がいる。平成二十五年夏に公開されたハリウッド映画『終戦のエンペラー』の主人公で、マッカーサーの側近として来日し、昭和天皇の免責の証拠集めをして報告書を上げた軍人である。映画のプロデューサー奈良橋陽子によると、フェラーズは留学生の一色ゆりに恋心をもっていた（対談「マッカーサーはなぜ天皇を救ったのか」「新潮45」平成二十五年八月号）。訪日したフェラーズは一色ゆりの「陛下にもしもの事が……私……生きていない」という言葉を聞き、一色ゆりの師・河井道の「日本にとっては大変なことだ」という言葉を参考に、天皇制存続の意見書を書いた。その意見書はマッカーサーに提出される前に、草稿段階で河井道に届けられ、意見を求めている（一色義子『河井道と一色ゆりの物語』、岡本嗣郎『陛下をお救いなさいまし』）。偶然とはいえ、戦後の皇室にとって重要な役割を果たしたのが渡辺監督の実姉なのである。

渡辺がシナリオ執筆に際して、知恵を得るには、こうしたコネクションもあったのだろうか。それからもうひとつ、気になる名前がある。映画のタイトル・クレジットを見ていると、「助監督　千葉胤文」と出てくるのだ。この人は、『明治天皇御集謹話』の、あの千葉胤明の関係者ということはないだろうか。それはわからない。千葉胤文のプロフィールでわかったことは、由利徹、八波《はっぱ》むと志《し》、南利明の脱線トリオが主演した『脱線三銃士』という喜劇映画を監督したということだけである。

『明治天皇と日露大戦争』で御製は大活躍をする。色紙に崩し字で書かれた御製が画面にたびたび現われ、その画面に朗誦の声が流れるのだ。問題の「よもの海」ももちろん登場する。それは、明治三十七年一月十二日のシーンである。ロシアとの開戦をまさに決めようと、首相の桂太郎が御前会議を招集する。席上、アラカンの明治天皇はあくまで反対の御言葉を述べる。

「ロシアとの交渉をする余地はもうないのか」

「なお一度慎重に、打開の道を講ずるがよい」

「国民にどう響くか、よくよく考慮して、戦争を避けるがよい」

その日はついに開戦に決まらずに閉会となる。御前会議が終わって、明治天皇は一人、お庭を見つめて物思いにふける。その後ろ姿に、朗々たる声で、御製がかぶるのだ。

「よもの海みなはらからと思ふ世になど波風のたちさわぐらむ」

明治三十七年一月十二日は、御製が詠まれるのにもっともふさわしい日付であり、心境である。「平和愛好の御精神」は発揮され、戦争開始は当面回避されるからだ。観客も素直に感情移入ができる。脚本としては、会心の出来である。渡辺幾治郎が描いた歴史的事実の二月四日より三週間以上も前だが、たしかにここで「よもの海」はすっきり決まるのである。

昭和天皇も鑑賞、歴代総理大臣も感激

映画は昭和三十二年四月二十九日に公開された。天皇誕生日を公開日にしたのは新東宝の社長・大蔵貢だった。十三歳から活動弁士の見習いとなった叩き上げ社長の、興行師らしいセンスである。邦画の『君の名は』、洋画の『風と共に去りぬ』の観客動員記録を抜く大ヒットだった。

宣伝にも工夫を凝らし、高松宮に撮影見学をお願いして、「明治天皇と御孫高松宮久々の御対面」という新聞記事を仕掛けている。

昭和天皇も鑑賞されたと、大蔵貢は自伝『わが芸と金と恋』で、誇らしげに書いている。


また天皇、皇后両陛下、皇太子殿下ほか各宮殿下のご鑑賞をはじめ、吉田〔茂〕、鳩山〔一郎〕、石橋〔湛山〕元首相、岸〔信介〕首相ほか政界財界の名士も、相次いで新東宝本社を訪れて鑑賞され、お帰りにはわざわざ私の部屋においでになって感謝とおほめの言葉をいただいた。映画製作者として大いに面目をほどこした次第である。

「大蔵さん、私は何年ぶりかで泣きました。おかげできょうは善人吉田になって大磯に帰れますよ」

平常あまり映画を見ない吉田茂氏がこう語られた言葉に、私は大いに意を強くした。


『明治天皇と日露大戦争』の最高齢鑑賞者が誰かは特定不可能だが、その最有力候補は、九十四歳の評論家・徳富蘇峰ではないだろうか。日露戦争時には、自らの「国民新聞」で、桂太郎首相寄りの記事を書き続けた。威勢のいい他紙に比べて開戦には慎重だった。ポーツマス講和にも賛成して、政府のいいなりの御用新聞とみなされ、日比谷暴動事件では、国民新聞社は焼打ちにあっている。日米開戦前には、もっとも影響力のある長老言論人として東京日日新聞（現、毎日新聞）や講演、著書で、精力的に開戦の論陣を張った。東京裁判の被告席につくことを免れたのは、高齢すぎるという理由のためだった。

蘇峰が映画を見たのは「十年ぶりです」「疲れるどころじゃなくて、全く感謝と感激で一ぱいでした」「真の生きた歴史の再現だと思います」と渡辺邦男監督を相手に語っている（「明治の遺臣、映画をみる」「中央公論」昭和三十二年八月号）。

「生きた歴史」と絶賛された渡辺監督は、脚本作りの苦労を披露している。

明治天皇に関する本は数十冊読みましたが、どの中にも日露戦争は避けたいというお言葉があったし、天皇がお泣きになるところもあった。戦争と決ったときに、どこに行かれたのか見えなくなった。そこで、伊藤〔博文〕議長と桂総理大臣が探しに行ったところが、中庭に一人茫然と立っておられた。ただいま戦争が枢密院でも決定しましたと奏上すると、陛下は泣き出されたというんですね。そしてこのとき、万一の場合自分は、今日までの皇祖皇宗に対し、また国民に対しどう詫びたらいいのかとおっしゃって泣き崩れられた。それを二人ともどうすることもできなかったという。僕はこれは事実だと思うんです。そしてこの精神でなければ、またこれを映画にどうしても出さなければいけないと思ったのです。（略）

陛下が泣かれたという史実は、宮内省〔宮内庁〕に行ってみたら、当時の速記がありましてそれを借りて来たので判ったのです。しかし、天皇が泣かれるシーンは、われわれとして映画には撮るわけにはいきません。

アラカンの明治天皇の後ろ姿に、御製「よもの海」がかぶるシーンが、明治天皇が泣かれたという事実の映画的表現だったことが、これでわかる。渡辺監督としても、会心のシーンだった。渡辺発言で、宮内庁から「速記」を借りてきたという部分にはびっくりする。そんな重要なものでも、当時は借り出し可能だったとは。それに、この「速記」に相当する資料が存在しているとは、あまり聞いたこともない。この対談の掲載誌「中央公論」に深沢七郎の小説「風流夢譚」が載り、テロが起きるのは、この三年半後のことである（ちなみに「風流夢譚」では夢の中に、天皇皇后両陛下、皇太子、皇太子妃の辞世の御歌という架空の和歌四首と万葉集の防人の和歌と芭蕉の俳句が出てくる）。そのあと、メディアの皇室記事に対する書き方は変わっていった。

徳富蘇峰の「明治天皇の開戦反対は天祐」

対談に戻ると、蘇峰は若い読者のためにと言って、日露戦争について長広舌をはじめる。誌面にして四ページ近くある。徳川十一代将軍の時から語りおこして、国際関係に翻弄される近代日本の苦難を説き続け、明治の終焉までを一気に語っている。

戦がすんでからの明治天皇様はほんとうに身体だけは生きていらっしゃったが、頭はなくなったみたいに心配なさった。日露戦争のあとで死んだのは外務大臣の小村［寿太郎］、陸軍では児玉源太郎が死ぬ。また恐れ多い話だがお上も亡くなられた。お上も日露戦争ですっかり身体を悪くされ、御生母の二位《にい》ノ局《つぼね》に言われたのですが、おれの身体は役に立たなくなった……。

これだけの長広舌ができる頭の冴えと体力が、最晩年でもまだ残っていたのだから、蘇峰が東京裁判の被告となったなら、得意の弁論で、日本擁護の論陣を張ったのではないか。蘇峰を市ヶ谷台の被告席に立たせてみたかった、という気にさせる対談である。最後に、蘇峰は、明治天皇が開戦に反対されたのがよかった、それが天祐だったと、述べている。「それで勝ったのです。あまり早くやったら負けてしまった。ロシヤの兵隊が朝鮮の真中まで来ていたのですからね」。

徳富蘇峰は、半年後の十一月二日に亡くなった。近代日本を見届けた大往生だった。

新東宝の大蔵貢社長は、二匹目、三匹目のドジョウを狙ってアラカン主演で『天皇・皇后と日清戦争』『明治大帝と乃木将軍』を製作する。アラカンの相手役である昭憲皇后役のキャスティングが当時問題になる。自分のお妾さんを皇后役に抜擢したというのだ。「女優をメカケにしたんじゃない。メカケを女優にしたんだ」と、大蔵社長はひらき直った。この中小企業のオヤジ感覚だから、会社の経営は行き詰まり、新東宝は昭和三十六年に倒産した。

なお、『明治天皇と日露大戦争』で描かれた明治三十七年一月十二日の御前会議について、半藤一利は『日露戦争史』で、この日が、日露戦争のノー・リターン・ポイント（引き返せぬ時点）だったと書いている。この日、開戦に反対していた元老の伊藤博文もゴー・サインを出し、元老・政府・軍部が開戦で一致したからだ。明治天皇が開戦に同意せず、外交交渉続行となったが、明治天皇の「待った」も、もはやそこまでだった。

第七章　明治百年の『明治天皇紀』公刊

唯一の読者だった昭和天皇へ奉呈された『明治天皇御紀』

『明治天皇御紀』は『明治天皇紀』のタイトルで昭和四十三（一九六八）年に公刊が始まった。昭和四十三年は明治百年が祝われた年である。しかし、諸手をあげてこぞって祝われたわけではない。明治百年をとるか、戦後二十年をとるか、という激しい論争もあった。もう明治百四十七年なのだから、それも遥か昔のことになってしまった。

『明治天皇紀』の公刊の次第については、当時の宮内庁長官で、二十年近く在任した宇佐美毅《たけし》が「刊行の辞」を書いている。

本書については、これまで学界その他よりしばしばその公刊を求められており、宮内庁においてもかねてよりその公刊について考慮していたところでありました。たまたま、明治百年を迎えるに当たり、閣議決定により設けられた明治百年記念準備会議において、記念事業の一として本書の公刊が要望されましたので、これを機に本文二百六十巻の公刊の準備に着手し、こ

明治天皇（写真提供：宮内庁）

れを新たに十二冊にまとめ、索引一冊を副えて刊行することと致しました。

これを読むと、国家が予算をつけて出版に至ったということがわかる。昭和四十三年は佐藤栄作内閣の長期安定政権時代である。如何なる経緯で、誰が尽力して、どのくらいの予算がついたのかはわからない。堅牢な造本で、題字は高松宮である。宮内庁から各方面に寄贈されたようである。

『明治天皇紀』は、宮内省の臨時帝室編修局が、大正四年から二十年を費やして編纂した国家的事業だった。当時の一流の歴史学者が総指揮をとり、「侍従日録」「侍従武官日誌」などの公文書を基礎に、日本中から文書を集め、明治天皇ゆかりの人々から談話をとり（今でいうオーラル・ヒストリーだ）、「明治天皇御手許書類」を点検し、それらをもとに、六十一年の生涯の日録を作るところから始まった。編集方針の何度かの変更を経て、唯一の読者である昭和天皇に奉呈されたのが、昭和八年九月三十日である。今上天皇の生まれる三ヶ月前だから、八十一年前のことである。

タイプ印刷された『明治天皇御紀』は二百六十巻というから、活字本よりはるかに膨大なものである。その奉呈式は、こんな風に行われた（堀口修「『明治天皇紀』編修と金子堅太郎」「日本歴史」平成十五年六月号。『明治天皇紀』については、堀口修の一連の研究に多くを拠っている）。

奉呈式の式次第は、まず宮内大臣、臨時帝室編修局総裁、臨時帝室編修官長、臨時帝室編修官、臨時帝室編修局事務官等が天皇に拝謁し、ついで宮内大臣湯浅倉平《くらへい》［のちに内大臣になる］および臨時帝室編修局総裁金子堅太郎の上奏文奉読、臨時帝室編修官長三上参次《さんじ》の御紀奉読、鳳凰ノ間での御紀および附図の天覧と続き、その後賜茶というものであった。

昭和十七年三月十日の朝日新聞で秘密をしゃべる渡辺幾治郎も編修官であったから、この賜謁《しえつ》の光栄に浴した一人である。おそらく初めてにして唯一の光栄の機会だったであろう。自らの二十年間の仕事が報われた思いで感激したことと思われる。

「明治天皇の日露開戦反対」をめぐる昭和天皇と金子堅太郎との暗闘

この栄えある儀式のおそらく約一ヶ月前に、昭和天皇と、編修局のトップである金子堅太郎との間に、ある暗闘があった。暗闘というと大袈裟すぎるかもしれない。認識の違いといったほうが適当だろうか。

ウィキペディアの『明治天皇紀』の項目で私は知ったので、また労を惜しんで、コピペして、それを現行のかなづかいに修正する。

原田熊雄『西園寺公と政局』第3巻136頁によると、1933年(昭和8年)9月5日に木戸幸一が西園寺公望に次のように話したという。「金子子爵が今度出来上った明治天皇の御年代記の内容について、陛下に上奏した。その時に、子爵は、日清日露の戦役のいよ〱起る前までは、明治天皇は開戦にはあまり御賛成でなく、寧ろ平和裡に解決したいという思召が強かったことについて、『こういうことを今日御年代記に書くことは面白くございませんから、また別の場合にしたら……』と言って省く意思を申上げた。ところが、陛下はその後侍従長【鈴木貫太郎】を召されて、『金子が来てかく〱のことを言ったが、自分は金子が今日省こうと言っている、明治天皇が戦争になることをお好みにならず平和裡に解決したいという思召こそ、天皇の平和愛好の御精神が現われていて、これこそ後世に伝うべきであり、寧ろ御年代記の中に特に書き入れた方がいいんじゃないかと思うが、どうか』という思召を洩らされ、侍従長はその旨を宮内大臣【湯浅倉平】に話した。

御製「よもの海」に関係してくる重要証言であろう。「平和愛好の御精神」という言葉もすでにして出てくる。「明治天皇が戦争になることをお好みにならず平和裡に解決したいという思召」とは、昭和十六年九月六日に直結する問答ではないか。

原田熊雄の単刀直入、木戸幸一の「正確」

この記録を残したのは原田熊雄という男爵で、近衛、木戸とは学習院、京都帝大法学部の仲間であり、唯一の元老・西園寺公望公爵の政治秘書となった。西園寺は高齢のため、気候の温暖な静岡県興津の坐魚荘《ざぎょそう》に暮らしていた。代わって、原田が政財官、陸海軍などのキーパーソンに精力的に会って、情報を収集して西園寺に報告し、時には西園寺の意向を持ち帰って伝えるという

原田熊雄（写真提供：毎日新聞社／ユニフォトプレス）

木戸幸一（写真提供：共同通信社／ユニフォトプレス）

重要な役目を負っていた。「原熊」という通称はずんぐりした体形にふさわしく、せっかちにあちこちを動き回り、人の家に上がり込んでは、挨拶もそこそこにすぐに長電話を始める。それでも、「虎の威を借る熊」にはならない、憎めないキャラクターだった。

　原熊が西園寺の秘書時代に残した記録は「原田日記」と呼ばれ、東京裁判に証拠資料として提出され、後に『西園寺公と政局』というタイトルで刊行された。「木戸日記」と並ぶ、昭和史の最重要史料である。「原田日記」は数日分をまとめて口述したもので、エピソードに富み、人物の言動が記録されていて、そこが「木戸日記」とまったく違う。日記の書き手による性格の違いなのだろうか。原熊は、この記録の内容は西園寺にその都度、報告し、記録そのものは西園寺も目を通して間違いがないかどうかをチェックした。原熊

は、昭和天皇を唯一の読者と想定して、昭和天皇に捧げる心づもりであった。日記は住友本社の金庫に匿まわれていた。都合の悪いことが書かれている軍部にとっては、目障りな日記だったからだ。

引用した「原田日記」によると、まだ内大臣書記官長（内大臣府のナンバーツー）だった木戸幸一が、宮内大臣の湯浅倉平から、西園寺に伝えるようにと命じられたものだった。その事情は「木戸日記」昭和八年九月二日を見るとよくわかる。事情は、「原田日記」と少し違う。

午前十時、大臣室に湯浅大臣を訪い、五日に西園寺公を訪問するの承認を得、且つ伝言の有無を尋ぬ。大臣より明治天皇紀に関し左の如き話あり、伝言を依頼せらる。

金子〔堅太郎〕子爵過日参内、明治天皇紀編纂の終了を奏上せられたるが、其際、日清日露両役の開始の際の明治天皇の御考については、一般に頒布する本を編纂する場合には考慮するの要あるが如く言上したるところ、陛下には、此の如き事こそ御聖徳を伝うる為にも発表するを可とすべきにあらずやとの御考えを侍従長に御漏しありし由、侍従長より宮内大臣に話ありたるが、宮内大臣としては、右の如き問題は其の内容記述振りを見たる上にあらざれば、其の是非を論議し能わず、若し御聖徳を明にする上に於て疑のある場合には、内大臣〔牧野伸顕〕に御下問ありて然《しか》る可《べ》し、兎も角も若し此の問題を重て奏上するが如き場合には御返事なきを可とすべしと云うにあり。侍従長迄申進たる由にて、此問題は将来重要なる問題となる惧《おそれ》あれば、元老の耳に入れ置き度しとのことであった。

「原田日記」では、どこが具体的に問題になっているかがよくわかったが、「木戸日記」では、問題の所在が「日清日露両役の開始の際の明治天皇の御考について」と抽象的にしか書いていなくて、「明治天皇の御考」が那辺にありやはアイマイモコとして、わからない。これが「木戸日記」の書き方である。ただし、事実関係については、「木戸日記」のほうが正確なようだ。木戸は外形を伝え、中味は抜く。原田は問題の所在を単刀直入に、ど真ん中を語るが、外形的には間違いを含む。

二つの日記を読み重ねて、抽出される事情はこうである。金子堅太郎が昭和天皇に申し上げているのは、『明治天皇紀』の日清日露開戦の場面は、国民にそのまま真実を知らせるのは、時節柄好ましくないのではないか。あの輝かしい勝利で終わった戦争を、明治天皇が反対され、やむを得ず同意したというのは、明治天皇の御徳を汚し、国民の志気を削ぐのではないか。『明治天皇紀』はもう完成間近ですし、読まれるのは陛下御一人ですからしかたないとして、ついては、これから編修にとりかかる『明治天皇紀』の国民向け普及版では、記述を変えたほうがよろしいのではないでしょうか、と。

昭和天皇は、金子の意見には不賛成だったが、意見を聞きおくだけにした。金子が退出したあと、その不満を侍従長の鈴木貫太郎に漏らした。「戦争に訴えるのでなく、平和裡に解決する、その明治天皇の平和愛好の御精神をこそ伝えないといけないのではないか」。鈴木侍従長はその通りと感激して、『明治天皇紀』とその普及版(『公刊明治天皇御紀』として引き続き編修作業がされるが、戦争激化で作業は中絶となった）を所轄する宮内大臣の湯浅倉平に、陛下の御言葉を取り次いだ。

湯浅倉平の危惧が昭和十六年秋に顕在化する

湯浅は具体的記述を見ないで良否を判断するのはまずいでしょう、と慎重な判断を下した。それでもやはり問題を感じられるのならば、牧野伸顕内大臣（伯爵。農商務大臣、パリ講和会議全権、宮内大臣を歴任。大久保利通の二男。吉田茂は女婿）に伺うのがいいでしょう、もしも金子がしつこく再び奏上してきても、御返事はされないほうがいいでしょう、と湯浅は鈴木貫太郎に策を授けた。

これは将来、重大問題に発展する惧れがあるので、元老の西園寺公爵のお耳に入れておくほうがいい。君（木戸）が興津の西園寺公の坐魚荘に行くついでに、この件を伝えてきてください。

内務官僚出身の湯浅宮内大臣の用意周到ぶりがよくわかる判断である。昭和十一年の二・二六事件で斎藤実《まこと》内大臣（子爵。海軍大臣、朝鮮総督、総理大臣を歴任。海軍の穏健派）が凶弾に斃れたあと、湯浅は内大臣となり、昭和十五年に病死し、その職は木戸幸一に引き継がれた。昭和八年には、内大臣、侍従長、宮内大臣の三本の矢による連携は、その上に西園寺を戴いて、うまく機能している。

気になるのは、昭和天皇が、不快に感じたであろう金子堅太郎の言上に対して、その場ではイエスともノーとも言わなかったことだ。すでに八十歳の老人で、特にうるさ型で知られる金子子爵を前にして、三十二歳の昭和天皇が貫録負けしているせいもあるが、ここで、はっきりと御自身の意思を表明していない。老人の強腰に身構えてしまっている。内閣と軍部が一致して持ってきた政策といった類のものではない。単なる一老人の意見、思いつき、不満の類ではないか。その場でうまくあしらうことができていいはずだ。

「将来重要なる問題となる惧れ」ありと危惧した湯浅倉平は正しかった。それが昭和十六年秋に顕在化した。昭和十六年にはすでに、西園寺なく、斎藤実なく、湯浅倉平なく、鈴木貫太郎は二・二六で瀕死の重傷を負ったあと枢密院副議長に転じていた。昭和天皇のまわりは寥々たるものになっていた。

『明治天皇紀』の明治三十七年二月四日開戦決定

「原田日記」の記述で、昭和天皇と金子堅太郎の見解が大きく分かれた『明治天皇紀』の日露開戦の部分を、読んでみる。とくに、『明治天皇紀』の執筆者の一人だった渡辺幾治郎が、『明治天皇と軍事』で力を込めて書いた、問題の明治三十七年二月四日を見る。

この日、政府は、「日露交渉に関する政府の意見並びに露国［ロシア］に送るべき最終通告案」を上奏し、軍事行動を起こしたいと訴えた。明治天皇は伊藤博文、山県有朋、大山巌、松方正義、井上馨《かおる》の五人の元老と閣僚を召して、御前会議を開く。

時に天皇、数日来の感冒猶未だ全癒に至らせられざるも、出でて之れに臨みたまう、会議二時間余、事の得失は前日既に研究を尽せるを以て、一人の異論を唱うる者なしと雖も、〔伊藤〕博文、陸海軍の戦備及び戦時財政の成算如何につき詳しく閣臣に質《ただ》し、他の元老・閣臣亦意見を開陳する所あり、尚博文特に〔曾禰荒助〕大蔵大臣の所信を厳しく追究し、〔松方〕正義之れが調停に努めたりと伝えらる、議事四時三十分を以て終る。

会議が終わり、裁可が下った。なぜ伊藤博文が、昭和十六年九月の原嘉道枢密院議長並みに厳しい質問責めをしたのか、その理由がこの後に明かされている。

是の朝天皇軫念措く能わず、午前十時三十分特に博文を内廷に召して謁を賜い、予め其の意見を徴し、以て宸断〔ご聖断のこと〕に資せしめたまいしが、議遂に決するや、夕刻内廷に入りたまいて後、左右を顧みて宣わく、今回の戦は朕が志にあらず、然れども事既に玆《ここ》に至る、之れを如何ともすべからざるなりと、更に独り私語したまうものの如く、語を継ぎて宣わく、事万一蹉跌を生ぜば、朕何を以てか祖宗に謝し、臣民に対するを得んと、忽ち涙潸《さん》々《さん》として下る、一座為に暗然《あんぜん》たり、是れより天皇、宸衷を悩ましたまうこと殊に甚しく、夜々寝に入りたまうも、眠安らかなる能わず、朝夕の膳御も亦多く旨味を覚えたまわず、日を経て頗《すこぶ》る健康を害《そこな》いたまうに至ると云う、

「朕が志にあらず」と嘆き、食べ物もノドを通らず、憂いによって憔悴しきってしまった明治天

皇の姿を、平和を愛好し、情け深い御姿と共感するか、帝王らしからぬ情けない御姿とみるかは、読む者によって分かれるだろう。昭和天皇は前者であり、金子堅太郎は後者であった。金子は、この文章が気に入らなかったのだろう。こんな明治天皇の御姿は国民に知らすべきではないと。「忽ち涙潸々として下る」とは、渡辺邦男監督が、映画には無理と脚本では外した描写である。さすがのアラカンでも、こんなシーンが脚本にあったなら、毅然たる明治天皇像を作りだせなかったかもしれない。

『明治天皇紀』に「よもの海」がなぜないのか

そこまでの実像を描いた『明治天皇紀』は、歴史家、歴史好きの間では評判の高い本で、全十二巻を通読したという人もいる。私は必要に迫られて、引用部分だけを今度初めて読んだに過ぎないが、確かに通読できそうな面白さだ。

これだけの面白さがあるのに、画竜点睛を欠くと思えてしまうのは、ここに御製「よもの海」が引用されていないからだ。『明治天皇紀』には、百五十一首の御製が引用されている。「よもの海」は英訳され、それを読んだセオドア・ルーズヴェルト大統領が日露講和に乗り出すきっかけさえ作ったという伝説が知られているのだから、なおさら引用されてしかるべき御製ではないか。『明治天皇紀』が採用しなかったのには、理由があったのだろうか。

金子堅太郎は『明治天皇紀』の編集方針を決めかねていた時、旧知のセオドア・ルーズヴェルトに書簡を出して、編修方針の指針を仰いだことがある。ルーズヴェルトからの返事の書簡が宮内庁書陵部には残っていて、あまりはかばかしい返事は得られていないそうだ。歴史家でもない元大統領に歴史の書き方を問い合わせるというのも、考えてみるとヘンな行為で、金子堅太郎の旧友自慢、自己顕示の匂いがする。それにしても、金子堅太郎にとっては、ルーズヴェルトは金子自身の経歴を飾る、掌中の玉ではないか。御製「よもの海」のエピソードを使わない手はないはずなのに。

実際は二月四日に詠まれたのではないので、ここに入れなかったとも考えにくい。渡辺幾治郎は『明治天皇紀』の編修官として、取材、執筆に二十年間まるまる従事した歴史家である。主な担当は、明治十五年から三十一年までだから、日露戦争期は直接にはタッチしていないにしても、元編修官の名誉にかけても、事実に立脚しないで『明治天皇と軍事』を書くはずもない。『明治天皇と軍事』は二度改訂されたが、「よもの海」の部分に変更はなく、宮内省などからのクレームもなかったろう。おそらく、渡辺幾治郎は草稿段階の『明治天皇紀』で、「よもの海」のエピソードを読んでいたのではないか。

金子堅太郎の「いじめ」に、三上参次は明治天皇の御製で耐え忍ぶ

そう判断するのは、『明治天皇紀』が完成するまでには、幾変転があったと知られているからだ。総裁は土方《ひじかた》久元、田中光顕、金子堅太郎と三代、編修官長（実質的な編集長）も股野《またの》琢《たく》、竹越与三郎、三上参次と三代である。三上は東京帝国大学の国史科教授を定年退官した大正十五年に就任した。三上は『明治天皇紀』が完成した直後に、「歴史教育の会」という集まりで講演し、

うちあけ話を披露している（「明治天皇御紀の編纂について」「歴史教育」昭和九年二月号）。

年限を定めての仕事でありましたので、可なり忙しかったのであります。総裁の金子子爵が八十の老体に拘らず御勉強で、一同を督励せられるものでありますからして、編修官長たる我輩以下は現場で働いて居る職工のように、夜を日についでやった訳であります。出来上った時に、我輩は金子子爵以下一同にそう言ったのです。即ち私の感想は、或る家へ後妻に来たようなものである。其家は可なり複雑で、金子子爵という総裁は相当に喧しい姑婆さんである。それから先妻の子としていずれも一癖ある編修官が揃って居る。そうしてもはや編修の体例等はちゃんと具って居る。即ち所謂其家の家風と云うものが定まって居る。其処へ私が後妻に行ったのであるからして、随分辛くもあったのです、加之《しかのみならず》最近二年の如きは夏休も取らず、夜も仕事をすると云うようなことで、（略）自分一己のことを申すと甚だ妙でありませぬが、私の居るところは西日の当る部屋で、夏は殊に暑い。午後の二時頃になると実に暑いのです。是はどうも堪らぬなと思う時には、何時でも明治天皇の御製「暑しともいはれざりけりにえかへる水田にたてるしづ［賤］を思へば」と云うのを思い出す、又人が箱根へ行って居るとか伊香保へ行って居るとか云って手紙を寄越しますと、多少羨しいなの念を起すこともありますが、そうすると、かの「年々におもひやれども山水を汲みて遊ばむ夏なかりけり」と云う御製のあったことを思い出して忍耐します。そうすると汗は依然として流れますが、暑さはさまでに感じませぬ。

金子堅太郎を目の前にして、「相当に喧しい姑婆さん」と言い放ったのだから、三上参次もいい度胸である。「後妻」とか「職工」とか、かなりの「いじめ」にあったことをソフトに告発している。いじめというか口出しは、肉体的、精神的のみならず、『明治天皇紀』の記述にまで及んでいたのだろう。それは「八十の老体に拘らず御勉強で」という口ぶりでわかる。三上は明治天皇の御製を思い出してはそれをなんとか耐え忍んでいた。

『明治天皇紀』は昭和六年六月に脱稿した。そのあと、丸二年をかけて修正増補がほどこされた。渡辺幾治郎は、昭和九年に出版した『明治史研究』の中で、一章を「明治天皇紀編修二十年」という回想に割いている。そこで、日曜返上だった最後の二年間を告白している。

> 金子総裁の編修監督も至って周到で、最初は予定の期日を以て責める、我々は期日を主として働く、期日までに予定の稿本を提出してホットすると、こん度は内容を検討する、さあ詳密に調べる、事実の誤謬、脱落から、遂には文字章句にまで及ぶ、随分酷しい、だが我々のような者が、七ヶ年間［三上参次が第三代編修官長に就任してからの七年間］にどうかこうか、あれだけの仕事をしたことは、総裁のあの厳重な監督と三上先生の指導善《よろ》しきを得たためであった、その時は可なり不平もいったが、今は顧みて感謝する。その他総裁のことは私等のいうべきことではないが君が期する所は修史局の三条公［三条実美《さねとみ》］でなくて、大日本史編修の義公［水戸黄門様こと徳川光圀］であったらしいということは一言して置きたい。

金子堅太郎総裁をくさした後、すぐに褒めている。いずれに渡辺の本音があるかは明らかで、嘴をはさんでこられて、かなり往生した様子がうかがえる。それも内容にまで立ち入っているのだから。なんの証拠もないが、この過程で「よもの海」のエピソードは削除されたのではないだろうか。

支那事変を憂慮する金子堅太郎

金子堅太郎の話をもう少し続ける。『明治天皇紀』で、「忽ち涙潸々として下る」明治天皇の御姿のあとのパラグラフが凄い。これは絶対に金子総裁の強い意向が働いた箇所だ。

「廟議開戦に決するや、政府は英米両国政府及び人民の同情を喚起するの極めて緊要なるを認め、両国に使節を派遣して、其の事に当らしめんとし、男爵金子堅太郎を米国に、男爵末松謙澄を英国に派遣せんと欲す、」

以下、延々と金子堅太郎のエピソードが続く。引用するのもバカバカしいので、要点だけ述べる。伊藤博文から役目に応じてくれと、全身全霊で二度にわたって口説かれたこと、昭憲皇后が突然、金子の家を訪問され、直々に「国家のために努力せよ」と御言葉があり、さらには妻子にまで恩賜の菓子を下さったこと、近衛師団の出征将兵二十余人に恩賜の菓子を分け与えたら、感激して「聖恩の加護を恃《たの》みて突進すべし」と誓い、全員無事に凱旋を果たし、皇后がそれを聞いて喜ばれたこと。同時に派遣された末松と、外債募集で旅立った高橋是清が一行ですまされ、影がうすいのとは大違いである。明治三十七年二月四日の宮中の記事に比較して、誰が見てもバランスを失した記述である。だから「よもの海」は、自分の手柄話ではないからと、省いたりしたのではないだろうか。あるいは、御製のエピソードがあると、平和愛好の精神が強調され過ぎると心配して割愛したとか、日本人移民の排斥問題以降、悪化の一途をたどった日米関係を考えて、御製のエピソードははずしたとか。

もしも『明治天皇紀』に「よもの海」が引かれていて、その御製が日露開戦決定後に詠まれ、「豈朕が志ならむや」という大御心だと書かれていたら、昭和天皇は御前会議でわざわざ引用することはなかったのではないだろうか。

といって、金子堅太郎が好戦的であったわけではない。「木戸日記」の索引から、金子の登場シーンを拾っていくと、昭和十二年の支那事変勃発時の心配ぶりが半端でない。見てみよう。「金子伯」とあるのは、『明治天皇紀』編纂の功で、子爵から伯爵へとワンランク昇爵しているからだ（西園寺は昇爵に反対したと、「木戸日記」にある）。

八月二十七日。「葉山に金子伯を訪う。伯は真に時局を憂られ、今日迄の政府の措置を見るに、対内策は至れり尽せりの観あるも、対外策については殆ど見るべきもののなきを嘆ぜられ、是非速に英米独仏に特使を派遣し、我国の立場を明にするの要を痛論せらる。尚、戦局の前途についても、由来《（ママ）》の軍人に其見透なきは通例なれば、近衛公［この時は第一次近衛文麿内閣だった。木戸は途中から文部大臣、厚生大臣に就任する］は確乎たる見透をつけて、時局を収拾するの要あるべしと切論せらる」。

もともと押しの強い金子伯だが、この時は切迫感が感じられる。自らの経験を踏まえて、戦時こそ外交をないがしろにするなと訴えている。事変の見通しも、杉山元（この時は陸軍大臣だった）のように「三ヶ月で片付けます」などと楽観視していない。この四年後に、支那事変が日米開戦につながっていくことを考えると、金子のあわてぶりは正しかったのだ。

九月二十四日には「金子伯より、海軍の南京空爆宣言につき外交上深憂せられ、手紙を頂戴す」とあり、十二月十六日には「米艦撃沈の件につき民間に賠償云々の話をせらる」とある。これは米艦パネー号を日本軍が誤爆、撃沈させ、日米一触即発の危機へと発展した事態への解決策の具申にきたのであろう。どれも、政府、軍部、宮中の見通しよりも事態を重く受けとめていたことがわかる。

金子堅太郎をどう評価するか、という一事をもってしても、相当の幅ができる。迷惑な爺さまか、憂国の老翁か。書く人の筆によって違ってくる。どのエピソードに主眼を置くかで人物像は変わってくるだろう。そこが、歴史、伝記を書くむずかしさなのだろう。

西園寺公望の「明治天皇は決して御悧巧な御方ではない」

金子堅太郎は大正九年に「明治天皇紀編修綱領」を上奏して、執筆の方針を掲げていた。

明治天皇英邁の資は天授にして史臣［明治天皇紀編修者］等の妄《みだ》りに論議すべきにあらず。故に明治天皇紀は天皇の言行を事実のまゝに記述し、敢えて粉飾する所あるべからず。

西園寺公望（写真提供：ユニフォトプレス）

その方針は守られて、『明治天皇紀』はかなりの成功をおさめた。しかし、涙をどこまで書き込めるか、失敗を記録に残せるか、間違った判断を包み隠さずに公表できるかとなると、なかなか微妙である。「英邁の資は天授にして」という前提は崩せないからだ。

それで思い出すのは、西園寺公望の「明治天皇御追憶記」（『西園寺公望伝　別巻二』所収）である。西園寺は、公卿華族の中で、政治に深くコミットした数少ない実力派であった。十代で戊辰戦争に従軍したのがキャリアのスタートだった。若き日にはフランスに十年間滞在し、新思想を吸収し、帰国後、友人の中江兆民らと「東洋自由新聞」を発刊する。明治政府はそれを問題視して、明治天皇の御沙汰であるとして、西園寺は新聞社退社を余儀なくされた。その後はヨーロッパでの外交官生活が長かった。政治家としては、原敬が参謀役について立憲政友会総裁となり、二度にわたって総理大臣をつとめた。パリ講和会議には日本全権として、若いお妾さん同伴で、懐かしの巴里に赴いた。昭和に入ってからは、唯一の元老として、さらに存在感を増し、内閣が変わるたびに首相奏薦の御下問に奉答する大役をこなしていた。

「御追憶記」は、昭和初年に、『明治天皇紀』の取材インタビューを受けた時の談話原稿である。

まず、明治天皇の病気の話からインタビューは始まる。陛下も西園寺も糖尿病だったので、モルモット代わりにまず西園寺に処方し、効能があったので明治天皇にその薬を差し上げたという思い出話がある。「併し陛下には死生命あり、生命は如何とも致し方がない、そうそう医者のいうことばかりも聞いて居られぬというような御考えもおありになったようにも拝せられる点もありました」

ここで何を思ったか、西園寺は突然話題を自ら転ずる。

「話しは変りますがこれは諸君の前だから特に申すのです。明治天皇はどちらかと申上げると決して御悧巧《りこう》などと申上ぐべき御方ではございませぬ」

世の中全般の明治天皇についての語られ方が気に入らないのだろうか。「これは諸君の前だから特に申すのです」の「諸君」とは、インタビューに来ている『明治天皇紀』の編修官たちである。編修官長の三上参次は途中で質問しているから同席している（編修官の渡辺幾治郎がいたかどうかは不明である）。取材の現場は、さぞ仰天したのではないか。「英邁の資は天授にして」といった金子堅太郎の編修方針への反発なのだろうか。「決して御悧巧などと申上ぐべき御方ではございませぬ」ということを『明治天皇紀』を編修する際に、銘記してとりかかるようにというアドバイスなのだろうか。

明治天皇の御親裁ぶり

問題発言のあと、西園寺は元に復して、話を続ける。何事もなかったかのように。西園寺の、あの能面の翁のような顔が思い浮かんでくるシーンだ。「決して御悧巧などと申上ぐべき御方ではございませぬ」、のあとは、改行もなく続く。「併し時々なかなか深刻な皮肉を仰せられることもございました。いつか私が親しく承わったことですが山県【有朋】は病気だ病気だといって居るがより強い方だ、伊藤【博文】は達者だ達者だといって居るがより弱い方だと仰せられたことがございました。是れは伊藤はいつも自分で強がり、之に反して山県はいつも自分で弱がって居ったことを御承知になって居て仰せられたことであります」

怖いものなしの明治の元勲を、明治天皇は皮肉ったというのだ。「御悧巧ではなく」というのは、高級官僚のような頭の良さはなかったが、地頭《じあたま》はよかった、といいたかったのか。完璧な君主なぞいない、と西園寺は思っていたのだろう。

その後は、「陛下は漢の高祖というような将に将たる御方」であり、維新前後の政治の困難を若き日に乗り越えたので、どんな困難な状況に遭遇しても「こんなことでへこたれてどうするのか」と泰然自若とされていた、と称揚してしめくくる。それと比べて、御位についたばかりの若き君主は、まだ経験不足で、そこに不安を感じると言外に伝えたのだろうか。

ついで編修官が質問する。「明治天皇は政治上の事で、大臣から奏請したことでも御許しがなかったというようなことはありませんでしたでしょうか」

昭和史の機微にも触れてくることになる、いい質問である。西園寺の答えは、立憲君主の見本になる、明治天皇の御親裁ぶりを伝える。「私の経験では」と限定つきだが。

私共が奏請してそれを御採用にならないというようなことはありませぬ。併し何かと御下問はあります。そんな時にはいつも徳大寺【実則。侍従長、内大臣。西園寺の実兄】が御使でありました。詳細御尋ねがあります。それで御わかりになれば御裁可なされないことはありませぬ。一体陛下は大臣等の申上げることに就いて十分事情を御聞取りになり、御熟慮の上御裁下【裁可】あらせられるという風でありました。

編修官の質問はしつこい。今度は大臣の任命についてである。「総理大臣が奏薦した閣臣を陛下が御裁可にならぬというようなことがございましたでしょうか」。西園寺は「私の知って居る処では」ない、と前置きして、「悉く御裁可になりました。最も未決定の間にいろいろと打解けて、閣臣の詮衡を陛下に御相談申上げることもございました」「下相談というような場合には種々御意見も出ました」と答えている。

以上は、昭和天皇の時代にも多くは踏襲されている。とくに西園寺が睨みを利かしている間は、それでなんとかなっていた。

総理大臣の決定については、まだ維新の遺風が残っていた、という。

内閣をおきめになるときはいつも元老仲間へ御相談になり、元老仲間で思召を承けて極《ごく》表立たずに適当の者へ御内意を伝えて組織させるという段取りになって居ました。伊藤などはいつまでもこんな手続きはいかぬなどと言って居りました。

元老の中でも、伊藤博文への明治天皇の信頼はことに篤く、「何か大きな問題であると大抵先ず伊藤に御下問になりました」。これは日露開戦を決定した明治三十七年二月四日の朝の呼び出しを自然と想起させる。

若き昭和天皇と歴代総理大臣との冷たい緊張感

この君主と臣下のインティメイトな関係は、維新創業にともに命がけで汗を流したがゆえの特別のものだった。

総体明治天皇の時代には大臣はしょっちゅう御前に出て何かと御話し申上げ、又それに就いていろいろ叡慮を伺いました。決して表立った奏上ばかりではなく、まあ下相談とでも申すようなことにでも屢《しばしば》御前へ出ました。（略）大臣が打解けて度々拝謁して何事でも御相談を願うというあんばいで、いろいろと申上げた方が陛下にも万事よく事情がおわかりになり、大臣の方でもよく思召がわかってよいのです。私は死んだ加藤［高明。総理大臣、伯爵。三菱財閥の岩崎家の女婿］にでも今の田中［義一。陸軍大将、総理大臣、男爵。下士官出身の叩き上げ］にでも、も少し陛下に御親しく度々拝謁を願って何事も御相談という風に申上げるがよかろうと申すのですが、どうもそうはいかぬと見えます。

まだ二十代の昭和天皇と、二大政党制下で選ばれた総理との、「打解けて」話し合えない距離感は、明治を知る西園寺にとっては歯がゆかっただろう。このインタビューが行われたのは張作霖爆死をめぐっての、有名な田中義一首相叱責事件の前のようだが、この西園寺の談話は、天皇と首相の冷たい緊張感を語って事件を予感させる。

昭和天皇は『独白録』で、この田中義一叱責事件をまず回想して、それ以後は立憲君主の枠を超えないという、自分の政治へのスタンスが定まった、とした。

この事件あって以来、私は内閣の上奏する所のものは仮令《たとい》自分が反対の意見を持っていても裁可を与える事に決心した。（略）田中に対しては、辞表を出さぬかといったのは、「ベトー」を行ったのではなく、忠告をしたのであるけれ共、この時以来、閣議決定に対し、意見は云うが、「ベトー」は云わぬ事にした。

「ベトー」とは、「君主が大権をもって拒絶すること」をいう。拒否権発動とか、下々の言い方に直せば、「伝家の宝刀を抜く」にあたる。

昭和十六年九月六日にも、十二月一日にも、「ベトー」は遂になかった。

「ベトーを云わぬ」は、西園寺の訓えといっていいだろう。天皇の「聖徳」を汚さず、天皇は政治の外にあって責任を負わないという「天皇無答責」を守り、為政者や軍部から宮中への反対者を出さないための消極策である。この西園寺たちの「帝王教育」が、若き昭和天皇を委縮させていったのではないだろうか。

西園寺は、「決して御悧巧などと申上ぐべき御方ではございませぬ」と『明治天皇紀』の編修官に語った。明治天皇がけっして「神」ではなく、「人間天皇」であることを、よくわかっていた。その点を心するようにと編修官たちに諭すことができた。それほどの西園寺であっても、「無答責」の陛下を守るために、「人間天皇」をあたかも「神」であるかの如くに演出した。そのため、時代の奔流と軍部の政治的台頭により、天皇と宮廷はだんだんと袋小路に追い詰められていったのではないか。君臣間に融通が利かなくなってしまい、明治の偉大さが、教条的に語られていったところに昭和の悲劇が胚胎している。

もし西園寺にあと一年余の命が与えられ、昭和十六年秋に至ってなお健在であったとして、西園寺は相変わらず消極策を最善としたであろうか。憲法遵守という原則をあっさり撤回して、西園寺は「ここ一番で、すみやかにベトーを発してください」と、輔弼の助言をしたのではないだろうか。

明治憲法下、天皇には拒否権があった

戦中派で、在野の歴史家の大杉一雄は『日米開戦への道――避戦への九つの選択肢』で、戦前の憲法学説を調査して、意外な結果を記述している。

天皇は、国務大臣の輔弼の内容に対して拒否権を持ち得るのであって、昭和天皇が開戦案を

拒否することは、憲法上なんら差し支えなかったのである。さればこそ天皇も『独白録』の結論部分で「ベトー」という専門的用語を使って、拒否権をもっていることを認めている（天皇が必ずしも一般的ではない veto という言葉を用いたところに、この問題に対する天皇の認識の深さがうかがえる）。

帝国憲法解釈には大きく二つの流派があった。天皇主権説と天皇機関説である。東京帝国大学法学部には、その二つが並立していた。天皇主権説の上杉慎吉が拒否権を認めていることは容易に推察できる。では、天皇機関説の代表的学者である美濃部達吉の説はどうだったか。

美濃部の学説は昭和十年に議会で問題にされ、美濃部は貴族院議員を辞職、著書は発売禁止になった。その時、昭和天皇は「機関説でよいではないか」と感想を洩らして美濃部説を支持した。

大杉一雄によると、美濃部の学説は「君命が大臣の信念と異なるときはこれを諫止するのが義務であるとして輔弼責任の重要性を強調しているが、それでも『勿論、国務大臣の進言を嘉納せらるるや否やは聖断に存するのである』（『逐条憲法精義』昭和六年版）としている」であった。京都帝大の佐々木惣一も「任意に国務大臣の意見の採否を決したまうことを得（『日本憲法要論』昭和八年版）」とし、美濃部と一緒に天皇機関説問題で槍玉にあげられた法制局長官の金森徳次郎（日本国憲法制定時には憲法担当の国務大臣として、新憲法の説明役をつとめた）も、「君主は国務大臣の同意なくして大権を行うこと能わずとなすがごとき者あらば、考えざるの甚だしきものなり」（『帝国憲法要綱』昭和五年版）としていた。予想外な結果にびっくりする。美濃部と金森の意見はどこか奥歯にものの挟まったような口ぶりだが。
昭和天皇に憲法を御進講した清水澄《とおる》（最後の枢密院議長。昭和二十二年に投身自殺）も「大臣の意見を御採択あらせらるると否とは、一に天皇の御自由に属するもの」と講義したという。
在野の強みで、大杉一雄は、「平たくいえば」と、わかりやすくまとめている。

平たくいえば、明治憲法では、天皇は専制的に主権を行使してはいけません、必ず大臣に相談してください。ただしすべて大臣が責任をとりますから、最終的には天皇がお決めくださって結構です、ということなのであり、戦前これが一般的解釈であった。終戦時のポツダム宣言受諾の「聖断」はかかる親政権の発動にほかならない。これに対し「天皇に拒否権は与えられていない」とする解釈では「聖断」ではなく、「『聖慮』にとどまる」（児島襄《のぼる》『天皇と戦争責任』）ということとなって、歴史の真実からかけはなれた見方となってしまうのである。戦後上述の伝統的解釈が歪められたのは、おそらくある種の政治的配慮のためであろう。

こうした憲法解釈のさまざまを「御悧巧な」西園寺公は、先刻承知していたであろう。それゆえに、昭和十六年秋には、「平たくいえば」伝家の宝刀を抜いたのではないだろうか。

渡辺幾治郎編修官の「建白書」

西園寺公望の「明治天皇御追憶記」は、『明治天皇紀』の記述には、ほとんど生かされることはなかった。というより、私が引用した部分は、西園寺の危機感から発された時務論であった。一種の総論であり、雑談的部分である。御年代記である『明治天皇紀』には盛り込みようがない。それを承知で、ついつい語ったのであろう。この記録はいま、早稲田大学図書館の特別資料室の「渡辺幾治郎収集謄写明治史資料」に収められている。臨時帝室編修局の二百字詰め原稿用紙七十六枚に、ブルーのインクでペン書きされている。その文章は相当加筆の跡を残しており、正式に提出された原稿の下書きと思しい。筆跡は渡辺ではなく、同僚の編修官である上野竹次郎が筆記している。おそらく渡辺が、参考のために上野から入手したものであろう。

『明治天皇の聖徳　軍事』を含む渡辺幾治郎の主要著作十一冊を『明治天皇関係文献集』のタイトルで復刻した堀口修は、「歴史家渡辺幾治郎について――「明治天皇紀」編修との関連から」という解説を書いている。それを読むと、渡辺が、歴史家としての高邁な理想に燃えて、『明治天皇紀』の仕事に取り組んでいたことがよくわかる。

大正十五年に書かれたとおぼしい「増補修正の着手に当りて」という書類がある。新たに編修官長に就任した三上参次への建白書だろうか。熱がこもっていて、数々の提言をしている。

増補については、さらなる史料収集を、徹底的な談話聴取を、聖蹟地や史跡の現地調査を、と。談話聴取高官リストには西園寺公望の名も入っている（これが実現したのが問題個所を含む「御追憶記」だろう）。修正については、「編修会議を開いて、各部の稿本に就て、逐条審議を遂げて、各自忌憚なき意見を交換」して、編修官全員の衆智を集めよ、と。さらに、集めた史料は整理して、後世識者の閲覧に備えよ、と。

渡辺幾治郎は「忘れられた歴史家」である、と堀口修は書いている。「戦後の歴史学は、歴史上、他に類を見ない惨害を世界にもたらした第二次世界大戦を大きな歴史的教訓として、戦争阻止・平和追求の学問として発展していった面がある。このため戦後は、渡辺のような日本近代の歴史を肯定的に捉える歴史家の業績は段々と取り上げられなくなった」からだ。

『明治天皇紀』を昭和天皇に奉呈して、渡辺は臨時帝室編修局を廃職となる（九か月間は残務整理員として残る）。その後、民間にあって、明治天皇に関する著書を矢継ぎ早に刊行する（その一冊が『明治天皇と軍事』である）。当初からの計画なのか、出版社の注文か、渡辺の経済的事情からか、『明治天皇紀』への不満からか、その理由は定かではないが、それだけ明治天皇が歴史の対象として、巨大なのである。

「増補修正の着手に当りて」には、こんな一節がある。「明治天皇紀は現在は公表されるものではないが、一部の高官や学者の間には、早晩知れよう、又後世に於ては公表されるものと思わねばならぬ、それ等の時に対して、編修者としての責任は当然覚悟して置かねばならぬ」。

これを読むと、渡辺は、明治天皇の正しい伝記を公開すべきだという、確信犯だったのではないか。『明治天皇紀』がやっと公刊されたのは、渡辺幾治郎の死の八年後だった。渡辺の悲願がようやく実ったのである。公刊によって、明治史研究は新たな段階に入った。

『昭和天皇実録』への不安と懸念

『明治天皇紀』につづく、大正天皇、昭和天皇の伝記はどうなっているのだろうか。『大正天皇実録』は図書寮編修課がつくり、昭和十二年に昭和天皇に奉呈された。それが六十五年後の平成十四年から四回に分けて公開された。朝日新聞社などの情報公開請求に基づいての公開だった。公開とはいっても、都合が悪いと判断された一千以上の箇所が黒塗りになったブザマなものであった。『大正天皇実録』を子細に点検した『大正天皇』の著者・原武史は、歴史書として多くの問題点を抱えていると、低い評価を下した（「孤影を追って──『大正天皇実録』をよむ」）。典拠資料なども『明治天皇紀』に比して、はるかに見劣りしているという。『明治天皇紀』のような高邁な史書を目指さなかったということだろう。これも近代日本の劣化のひとつの証しだろうか。

『昭和天皇実録』は平成二年から宮内庁書陵部で編修作業が始まった。当初の予定ではとっくに完成していたのだが、大幅にスケジュールが遅れた。『明治天皇紀』に比肩しうる完成度の高さを追究していたのならば慶賀すべきだが、どうなのだろうか。

気になることは、もしそうだったにしても、今の法律では、公表時に問題が生じるということらしい。『大正天皇実録』の黒塗りは、法律を遵守して（合法的に）、行われている。

岩壁義光の「明治天皇紀編纂と史料公開・保存」（「広島大学史紀要」6号）によると、それはプライバシー保護ではなく、情報公開法と「行政機関の保有する情報の公開に関する法律施行令」第三条に拠っている。だから、「現在、もし『明治天皇紀』が初めて公開されるとなれば、皆さんがご利用になっている吉川弘文館の『明治天皇紀』のような全面公開は決してあり得ない」ということになる。金子堅太郎のような存在が、法律という正義の仮面をかぶって、

「PAINT IT BLACK（黒く塗れ）」を歌うシュールな世界が出現しているのだ。それも合法的に。

その点を指摘した岩壁義光、それから『明治天皇紀』の成立と歴史家・渡辺幾治郎を調べた堀口修、この二人が宮内庁書陵部に在籍していた歴史家であるという点に注目する必要があるかもしれない。穿った見方をすれば、二人の歴史家としての発言は、『昭和天皇実録』の歴史書としての質への不安（重要史料が執筆者たちにさえ公開されないとか、執筆上の制約とか）、公開への懸念などが底流にあるということはないのだろうか。

昭和天皇が明治天皇に比肩しうる天皇であることを証明するためには、『明治天皇紀』同様の、調査、取材、執筆、公開、さらには史料の保存と公開を必要とするだろう。そうした環境が整ってこそ、偉大なる昭和天皇という神話に国民は深く納得するであろう。

（『昭和天皇実録』はこの平成二十六年三月に完成し、四月に今上天皇に奉呈され、その後、公開される予定であることが、正月に宮内庁から発表された。公刊本は入札で出版社が決まってからになるというからまだ先のことらしい。索引を含めて二十巻にも及び、量的には『明治天皇紀』を上まわる。『大正天皇実録』のような黒塗りもない。であるから、焦点は、その記述の質がどうかになる。『明治天皇紀』のレベルに匹敵していることを期待するが、それは、公刊後に、さまざまな歴史家によって綿密に検討されるであろう。渡辺幾治郎が建言したように、典拠史料の保存と全面的公開も、時代の要請として当然のことである。）

第八章　アメリカで蘇える「よもの海」の記憶

ホワイトハウスの前で「波風の立ち騒いだ不幸な一時期」

御製「よもの海みなはらからと思ふ世になど波風のたちさわぐらむ」について、気になることがまだ残っていた。

「杉山メモ」には、「四方ノ海皆同胞ト思フ代ニナドアダ波ノ立騒グラム」と書かれ、数種刊行された「近衛手記」の一本『平和への努力』には、「四方の海みな同胞と思ふ世になどあだ波の立ちさわぐらむ」と書かれていることだ。第四句の「波風」を「あだ波」と聞き取っている。これはなぜだろうか。

昭和天皇が、日頃愛誦する明治天皇の御製をまさか間違えるとは思えない。「御製のメモをお持ちになっていた御手がわなわなと顫えておいでになった」というから、極度の緊張状態におかれていたことは確実だろう。それにしてもなぜ。

毎年八月十五日になると必ず流れる玉音放送のお声と抑揚を反芻してみる。東京オリンピックの開会を宣した時はどうだったか。戦没者追悼式での戦没者の霊位の前に立ってのお言葉。それからトレードマークになった「あっ、そう」というお返事。
和歌ということでいえば、新年の歌会始が毎年、NHKで中継される。あの時の、和歌の朗誦者たちが「披講」する独特の声調を真似て「よもの海」を口に出してみる。
それでも、何かがわかるわけではない。疑問符は疑問符のままだ。かすかな手がかりを求めて、YouTubeの画像を探してみることにした。思ったよりも、昭和天皇の映像は少ない。中で、目を引くのは、昭和五十年の日本記者クラブ主催の公式記者会見の映像だった。初めてテレビカメラが入った会見で、この時、昭和天皇は七十四歳である。

えー、原子、爆弾が、えー、投下、されたことに対しては、えー、えー、遺憾には思ってますが、こういう戦争中で、あることですから、どうも、えー、広島市民に対しては気の毒で、あるが、やむを得ないことと私は思ってます。

音声を聴き取ったとおりに表記すると以上のようになる。不意打ちの質問に答えながら、上半身はグラインドするように大きく揺れる。激しい心の動揺が身体に表われている。映像は編集されていて、続いては同じ会見の別の質問に答えている。

テレビは、いろいろ見てはいますが、放送会社の競争がはなはだ激しいので（笑い声）、いま、どういう番組を見ているかということには、答えられません（爆笑）。

記者たちの笑いを誘い、雰囲気は和らぎ、昭和天皇はにこやかな素顔を覗かせ、先ほどとは別人のようである。同じ会見とはとても思えない。お言葉はいずれも聞き取りやすい。もっと別のものを見てみようと、「昭和天皇と平和への願い」というタイトルの投稿映像をクリックした。東京大空襲、終戦、マッカーサーとの会見、地方巡幸などが駆け足で紹介され、突然、あざやかなカラー映像で、米国訪問が映し出される。ホワイトハウスの前、赤い絨毯が敷かれたお立ち台の上で、フォード大統領と並んだ昭和天皇が、片手に紙をもって、挨拶文を読み上げている。

昭和50年10月、フォード米大統領の横で挨拶する昭和天皇

両国の国民は、静けさの、象徴である太平洋に、波風の、立ち騒いだ、不幸な一時期の、試練に耐え、今日、ゆるぎない、友好親善の、絆を、築き、上げて、おります。

この言葉は、明らかに「よもの海みなはらからと思ふ世になど波風のたちさわぐらむ」を踏まえているではないか。挨拶の散文と和歌という違いはあるが、間違いない。昭和天皇の心の中で、「よもの海」はずっと生き続けている。このお言葉に「よもの海」が反響している。かつての敵国アメリカの大統領を前にして、昭和十六年九月六日の御前会議の記憶をまざまざと蘇えらせている。「あだ波」の疑問は解けなかったが、ありがたいお土産がもらえた。

昭和五十年訪米の荘厳たる野外劇場

昭和五十年秋、天皇皇后両陛下は、初めての訪米の旅へと出た。全行程は二週間で、ワシントン以外にも、ニューヨーク、シカゴ、ロサンゼルス、サンフランシスコ、ハワイなどをまわった。マッカーサー未亡人に会い、アーリントンの無名戦士の墓に花を供え、真珠湾を上空から眺めている。首席随員は副総理の福田赳夫がつとめ、宮内庁長官の宇佐美毅、侍従長の入江相政《すけまさ》、式部官長の湯川盛夫、侍従次長の徳川義寛など、昭和天皇の側近が付き従い、通訳は真崎秀樹がつとめた。

天皇陛下のスポークスマンといえる文人侍従長・入江相政は随行記『オーロラ紀行』で、十月二日のホワイトハウス前の歓迎式を伝えている。

　しばらくして、両陛下のお着き。
大統領は天皇陛下を、お立ち台にご案内。捧げ銃、鼓笛吹奏、君が代、アメリカ国歌、二十一発の礼砲。

台をお降りになって閲兵。そのあとまた台の上に。海兵隊の鼓笛隊の行進。

大統領のご挨拶。天皇陛下のお言葉。ちょうどこのお言葉がおわった時、雲の間から、一瞬、陽光が強くさした。そのタイミングのよさといったらなく、まるでだれかがボタンを押したようなものだった。そしてさらにいえば、天は、この劇的効果を見込んで、朝、雨を降らせ、そしてこの時まで雲を厚くしておいたようにさえ思われた。この式典には、招待されたもの、一般観光客など、すべてでおよそ七千人が参会していたというが、このたまゆらの陽光にはみんな驚き、すべての人が、思わず声をあげた。そのあと、テラスから手をおあげになって、広場に集まった人たちにおこたえになってから、ホワイト・ハウスの中におはいりになった。

お言葉が、未来の日米関係をひらくかの如き、荘厳たる野外劇場と化したことを報告している。この情景描写は、天皇側近による内輪の身びいきではなかった。共同通信記者として御訪米に同行取材した高橋紘《ひろし》は遺作『人間　昭和天皇』で書いている。

そのときだ。どんよりとした雲の隙間から、太陽が顔を出したのである。市民は〝ウォー〟とも〝ワー〟ともつかない歓声を上げた。しかも天皇の言葉が終わったとたん、舞台のスポットライトをフェードアウトするかのように、また密雲が覆った。

「やはり太陽の子孫だ」

記者の誰かが言った。

太陽が顔を覗かせた瞬間に、二人の記憶は多少の差があるが、誤差の範囲である。記者のことばは、アマテラスオオミカミ（天照大御神）の神話世界を彷彿とさせる。

高橋紘の「紘」の字は「八紘一宇《はっこういちう》」からつけられた名前であるように、高橋は昭和十六年生まれである。御製「よもの海」がホワイトハウス前の御言葉の中に隠れていると気づくのは難しいだろう（したがって取材も行っていない）。しかし、入江は違う。あの御前会議の日も、陛下の側近くに仕え、午前中は、昭和天皇の新作のお歌を拝見し、和歌の趣向についてのあれこれに感想をめぐらしている。午後は午後で、生物学研究所にお供し、夜は映画鑑賞をご一緒している。気づかないはずはない。というより、この挨拶の言葉のいちいちを相談にあずかっているだろう。

注目は「私が深く悲しみとする、あの不幸な戦争」に集まる

昭和天皇のホワイトハウス前での「静けさの象徴である太平洋に、波風の立ち騒いだ不幸な一時期」という御言葉が、注目されたという形跡は残念ながらうかがえない。注目された御言葉は、その夜の歓迎晩餐会でのスピーチの一節だった。「私が深く、悲しみとする、あの、不幸な、戦争」、そのフレーズが、アメリカ人には、パールハーバー攻撃に遺憾の意を示したと受け取られたのだ。

入江の『オーロラ紀行』には、「私が深く悲しみとする、あの不幸な戦争」についての特別な

記述はない。高橋の『人間　昭和天皇』には、この一言が大ニュースになった過程が描かれている。

記者団には解禁時間付きの、日本文は渡されている。（略）では戦争については、どう表現するか。それが「私が深く悲しみとする、あの不幸な戦争」であった。

ここがキー・ポイントだとわかるが、表現はいかにも平易でやさしい。政治問題化しないためには、ギリギリの表現であろう、と思った。おそらく日本人記者の多くは、このお言葉に大感激していたわけではなかった。

ところが米国の招待客の反応は違っていた。最高の讃辞をおくったのである。

高橋は「私が深く悲しみとする、あの不幸な戦争」という御言葉の成立過程を取材して、本の中で記述している。文案が出来上っていく過程がよくわかる。

出発の一ヵ月前、松平潔式部副長から入江に「アメリカのお言葉を考えるについて、柱〔スピーチの内容の柱〕何本かをお示し下さい」と言ってきた。

入江は御前に出て、お言葉について言うと、「間もなく、いろいろ仰せいただく」（『入江日記』一九七五年八月三十日）とある。

お言葉の原案は現地の大使館、外務省の北米一課などが現地の空気を考慮して作り、本省に上げて官邸と協議する。それを宮内庁に上げ官邸と詰める。
「三木さん【三木武夫首相】の指示だったというんだがね、偉大な米国、偉大な米市民、戦後復興に関する感謝を強調しすぎてるんだ」（宇佐美【宮内庁長官】の話）
宇佐美と入江は「これは政治家の文章だ。陛下のお言葉は私たちがやりましょう」といって「偉大」などをカット、「深く悲しみとする」を入れ、入江が「てにをは」を直し、宮内庁風に味つけをした。
この訂正、加筆、潤色、推敲は、「私が深く悲しみとする、あの不幸な戦争」についてのいきさつだが、「静けさの象徴である太平洋に、波風の立ち騒いだ不幸な一時期」も、似たような道筋を書類が廻って決定に至ったのだろう。ただし、後者の方に昭和天皇の思いが強く滲んでいる。

通訳官・真崎秀樹の「豈朕が志ならむや」の英訳

「私が深く悲しみとする、あの不幸な戦争」は、"most unfortunate war which I deeply deplore"と訳されていた。

deploreという言葉には〝容認できない〟〝遺憾とする〟という意味がある。単に〝不幸とする〟というよりは強い感情がこもっている。「天皇は謝罪したのではないか」と記者団は日本報道官藤山楢一《ならいち》に詰め寄った。

藤山楢一は外務官僚で、この時イタリア大使だったが、特命全権大使として同行した。藤山は、日米開戦時に、新米外交官として、ワシントンの日本大使館に勤務していた。フランクリン・ルーズヴェルト大統領、コーデル・ハル国務長官と交渉する野村吉三郎、来栖《くるす》三郎両大使の部下だった。それゆえの人選だろう。

通訳官の真崎秀樹も外務官僚出身で、彼の父は、二・二六事件で叛乱将校を使嗾《しそう》したとして軍法会議にかけられた陸軍大将・真崎甚三郎である。二・二六の時に、昭和天皇は「朕がもっとも信頼せる老臣をことごとく倒すは、真綿にて朕が首を締めるに等しい行為なり」と激怒した。陸軍皇道派の総帥であった真崎甚三郎は、このあと復活することはなかった。

高橋紘によると、「deplore は前年来日したフォード大統領のとき、deplorable と形容詞で使っているんです」と真崎秀樹は説明した。真崎自身は『側近通訳25年 昭和天皇の思い出』で、通訳自身の判断が大きく働いたことを語っている。

私がなぜディプロアでいいと［藤山楢一大使に］言ったかというと、それはもう開戦のときの詔勅なんですよね。あの詔勅に長々といろいろなことが書いてある。「洵《まこと》に已むを得ざるものあり。豈朕が志ならむや」というのに適当な言葉を考えると、私はディプロアが当たると思ったんです。陛下はいいと言っておられないんですよ。（略）陛下の悲しみというのは何なのか、だれも知らないんですよ。陛下のお気持ちを知っている人はいないけれども、私が長年お務めして、推し量るんだったら、これが陛下のお気持ちであろうと思うことが「嫌で嫌でたまらないけれども、しようがなくこうなってしまった」ということでしょう。だから（略）「ディプロアで通します。いいんです」と藤山さんに言ったんです。

かくして、「私が深く悲しみとする、あの不幸な戦争」だけがクローズアップされる結果となった。一方、「静けさの象徴である太平洋に、波風の立ち騒いだ不幸な一時期」がどう訳されたかは、誰も言及していない。セオドア・ルーズヴェルト大統領が感銘した〝Imperial Songs（皇室和歌集）〟のアーサー・ロイド訳を踏まえているのだろうか。

ニューヨーク・タイムスで昭和天皇の御言葉を探すと、以下の英文となっていた。

Our peoples withstood the challenges of one tragic interlude when the Pacific Ocean, symbol of tranquillity, was instead a rough and stormy sea, and have built today unchanging ties of friendship and goodwill.

御言葉を逐語訳した英語で、七十年前の“Imperial Songs”の英詩になった御製は踏まえられていなかった。宮内庁には、アメリカ人にも日本人にも、この言葉の由来を説明しようという意志はなかったのである。

質問の焦点は日米戦争の開戦責任だった

昭和天皇の訪米が成功裡に了えられたその裏には、アメリカの報道陣への特別なサービスもあった。渡米前に、アメリカのマスコミ取材をいくつもすませている。

NBCテレビ朝の人気番組「トゥデー」の単独会見、「ニューズウィーク」東京支局長のバーナード・クリッシャーによる単独インタビュー、在京外国人記者三十一人の質問会見など。続いてCBS、ABC、「タイム」があり、米三大ネットワーク、二大週刊誌すべてに登場して、その素顔が伝えられた。その会見のなかで、幾つか気になる質問を拾っていく。

――陛下に最も影響を与えられた人物は？

「皇室のなかから挙げれば、祖父の明治天皇だろう。私はいつも彼の行いを頭に描いている」

――天皇制が二千年も存続した理由は？

「歴史を通じて、皇室が国民の福祉にまず思いをいたしてきたからだ」

――真珠湾攻撃をいつ知ったか？　計画を承認なさったか？

「私が軍事作戦に関する情報を事前に受けていたことは事実です。しかし私はそれらの報告を、軍司令部首脳たちが細部まで決定した後に受けていただけなのです。政治的性格の問題や、軍司令部に関する問題については、私は憲法に従って行動したと信じています」

――在位五十年、多くの人々が皇室の重荷を皇太子殿下に負っていただくことを取り沙汰するのは自然ですが？

「退位については、憲法やその他の法律が認めていない。だから私はそれについては考えたことがありません」

——日本が再び軍国主義の道を歩む可能性があるとお考えですか？

「いいえ。私はその可能性について全く懸念していません。なぜならばそれは憲法で禁じられているからです」

——一九三〇年代や一九四一年当時における陛下の役割を振り返ってみて、陛下は憲法の規定に従って行動されたとおっしゃいました。このことは陛下が当時の軍部に反駁する立場に立っていなかったというご発言のように思われます。そこで陛下にご質問したいのですが、陛下は軍部指導者たちが日本を実りのない誤った冒険へと導いたという個人的なご感情を抱かれたことがおありですか？

「あなたがおっしゃるような事実はあったかもしれませんが、当時それに関係した人たちが現在存命中です。もし私が現在なにかをいえば、私は当時の軍部指導者を批判することになるでしょう。私はそうしたくはありません」

皇室の役割、憲法の遵守、明治天皇への尊敬などもあったが、質問の焦点は日米戦争の開戦責任であった。

記者会見場に初めてテレビカメラが入る

外国人記者から踏み込んだ質問が続くなかで、日本のマスコミ各社からも取材申請がなされ、それは帰国後に持ち越され、十月三十一日にやっと実現した。原爆投下とお好きなテレビ番組についての質問は、この会見のテレビ映像である。朝日新聞の記事が会見の経緯を書いている。

この記者会見は、わが国の新聞、通信、放送百四十二社でつくっている日本記者クラブ（理事長、渡辺誠毅《せいき》朝日新聞副社長）の申し入れで行われたもので、同クラブ代表三十一人、宮内記者会常勤記者十四人、それに日本駐在の外国記者代表五人の計五十人が出席した。宮内記者会との会見は、これまでも行われたことがあるが、このように大規模な形では初めてのこと。とくに会見の中の写真撮影、テレビ録画、録音が認められたのは今回が初めてである。

会見は、渡辺理事長があらかじめ提出ずみの質問を改めて代表質問し、それに他の出席記者が関連質問をする形で進められた。

昭和50年10月31日、皇居の石橋の間で記者の質問に答える両陛下

会見時間は三十分、皇居内の石橋《しゃっきょう》の間に、天皇皇后両陛下は並んで記者たちに臨まれた。「きょうはどうかおくつろぎになったお気持ちで、ご訪米のおみやげ話、その他をお聞かせいただきたいと思います」と渡

辺理事長の代表質問は始まった。

記者クラブ制度によって、こうした会見は、宮内記者会に限らず、段取り通りに進む。相手の嫌がりそうな質問は許さない空気がある。長く良好な人間関係を築き、取材の便宜を受け、ウィンウインの関係が保たれる。この場には、宮内庁幹部もお目付け役でか、同席している。訪米に随行した宇佐美長官、入江侍従長、湯川式部官長、それに留守番役だった富田宮内庁次長が加わっている。日本経済新聞が平成十八（二〇〇六）年にスクープした「富田メモ」の書き手・富田朝彦である。

渡辺誠毅（後に朝日新聞社長）の代表質問以外に、四つの関連質問があった。原爆投下について、生物学研究について、天皇陛下の健康維持についての皇后陛下への質問、と硬軟とりまぜてある。そしてもう一つが、ロンドン・タイムズの中村浩二記者による戦争責任についての質問だった。流れを確認するために、前段の代表質問から見ていく。

――ご在位中に最もつらく悲しかった思い出というのはどういうことでございましょうか。

「それは言うまでもなく第二次大戦であると思います。私はこういう悲しむべきことが今後も起らないことを祈っております」

――不幸な戦争のことでございますが、今度のご訪米中に大統領の晩餐会でのお言葉とか、あるいはアーリントン墓地においでになりましたことで、アメリカとの間で不幸な戦争の問題というものはこれですっかり消えたと存じます。ところで、日本の、今度は国内の方でございますが、不幸な時期に親や子や妻をなくした国民もたくさんございますけれども、その国民が先ほどおおせになりました通り、焦土の中から立ち上がって日本に見事な復興を成し遂げたわけでございますから、陛下がこのさいそういう日本の国民に対してお言葉がございましたら、ぜひお聞かせいただきたいと存じます。

「そのことについては、毎年八月十五日に私は胸がいたむのを覚えるという言葉を常に述べています。いま、これらの非常に苦しい人たちが、いま述べたように日本の発展に寄与したことはうれしく私は感じております」

「言葉のアヤ」「文学方面はあまり研究していない」

ここで関連質問が入る。この前の渡辺誠毅の質問は、間接的に、ごく控えめに戦争責任についての感想を求めていた。次いで、もっと直截な質問がロンドン・タイムズから出る。連携プレーの匂いもする。

――天皇陛下はホワイトハウスで、「私が深く悲しみとするあの不幸な戦争」というご発言がありましたが、このことは戦争に対して責任を感じておられるという意味と解してよろしゅうございますか。また、陛下はいわゆる戦争責任について、どのようにお考えになっておられますかおうかがいいたします。

「そういう言葉のアヤについては、私はそういう文学方面はあまり研究もしていないのでよくわかりませんから、そういう問題についてはお答えが出来かねます」

この質問とお答えのやりとりの映像を見ていないので、原爆投下についての時のような、激しい動揺があったのかどうかはわからない。おそらくあったのではないか。

この「言葉のアヤ」「文学方面の研究」という不可解なお言葉は、三十数年前に新聞で読んだ時から、ザラリとした感触がずっと残って忘れられなかった。

天皇陛下のいつもの生真面目で、真っ正直で、少しユーモラスな受け答えとあまりにかけ離れている。はぐらかされているような、といったらいいのだろうか。朝日新聞の記事には「はっきりとした答えを避けられた」と書いてある。

そうだったのだろうか。

この記者会見の約一ヵ月前に、ホワイトハウスの前で、昭和天皇はこう述べていたではないか。

「両国の国民は、静けさの、象徴である太平洋に、波風の、立ち騒いだ、不幸な一時期の、試練に耐え、今日、ゆるぎない、友好親善の、絆を、築き、上げて、おります」

この御言葉は、昭和天皇の強い希望で、入江侍従長たちと知恵をしぼって用意されたことは確実である。「私が深く悲しみとする、あの不幸な戦争」という言葉は、宇佐美宮内庁長官と入江侍従長が主導した言葉で、それよりも、昭和天皇の気持ちに忠実に即した表現が、「太平洋に波風の立ち騒いだ、不幸な一時期」であった。こちらの御言葉は、昭和天皇が、随行した入江侍従長と徳川侍従次長を相手に知恵をしぼって用意されたことは確実である。二人は昭和十六年秋には、すでに侍従職であった。

「よもの海」はなによりも尊敬する明治天皇の平和愛好の御精神の結晶であり、御前会議において、メモをわなわなと震わせながら読み上げた「戦争を容認せず」というぎりぎりの意思表示であった。

それにもかかわらず、「よもの海」は「豈朕が志ならむや」と、戦争を容認する御言葉に読み替えられてしまった。

その苦い記憶が、「そういう言葉のアヤについては、私はそういう文学方面はあまり研究もしていないのでよくわかりません」という答えを引き出させたのだった。

はぐらかしたのでも、はっきりとした答えを避けられたのでもなかった。

正直な、正直すぎるほどに正直な吐露だったのだ。

入江侍従長の危惧は皇后さまへの質問だった

この「言葉のアヤ」の映像が後には放送されなくなるのは、「原爆投下やむを得ない」発言よりも、より問題を孕むという宮内庁の判断があり、それに影響されての「自粛」の結果なのだろうか。

入江侍従長の『入江相政日記』を見ると、宮中の受けとめ方の一端が覗かれる。

入江日記は抜粋なので、その全体はわからないが、活字になっている限りでみると、会見前の危惧は、天皇ではなく、皇后への質問だった。

十月二十九日「長官室で三十一日の記者会見の打合せ。皇后さまに一つ質問があるのさえ疑問ということで相談。石川社長【石川数雄主婦の友社社長】は十枚原稿執筆のこと、それも皇后さまに関するもの。本当に以前のようであって下さればと思う」

皇后は、この頃、心身ともに芳しくなく、できれば、記者会見にはお出まし願いたくはなかったようである。

十月三十一日「皇后さまに山本［岩雄侍従］君と拝謁。要するに『アメリカの御印象は』とうかがったら『楽しかった』と仰有るように申上げる。山本君が［宇佐美］長官、［富田］次長にこのことを話したら、『それだけでは困る』というから『それなら止める外無い』という。次長が何とかやるというので又やることになる。一遍止めとなったので女官候所は大喜びだった由」

しかし、案ずるより産むがやすしで、結果は上々と判断された。

「ところが蓋を開けてみたらまさに天佑である。とにかく無事に済んだ。おまけに幕切れが大変よかった」

記者会見は生中継ではなかった。収録のあとに、あらためて宮内庁がOKを出して、それからテレビ映像が放送された。宮中と一般社会との落差は、そのあとの新聞、テレビの報道にあらわれた。その反響は予想外だったのだろう。

十一月二日「時事放談で細川、藤原。この間の記者会見あまりよくない。もうあんなことをおさせしてはいけないという意見」

「時事放談」は現在にも続くTBSテレビの日曜朝の長寿番組である。当時は午前八時半から放送され、政治評論家の細川隆元と藤原弘達が、歯に衣着せず、御意見番として言いたい放題を開陳する人気トーク番組だった。その中で、皇室は開かれ過ぎだ、あそこまでマスコミにサービスする必要はない、と言い放ったので、入江は日記に書き留めたのであろう。

茨木のり子の直観の恐ろしさ

評論家の山本七平は、崩御とほぼ同時に脱稿し、その一か月後に出版した『昭和天皇の研究』で、この「言葉のアヤ」を取り上げている。

「この言葉をどう解釈すべきなのか。当時の記録を探しても、不思議にこの『お言葉』への批判・批評といったものは見当たらない。テレビを見ていた人の印象では、とうてい、当意即妙、巧みに相手の質問をかわしたという気はしなかったという。そしてこの返事も、実にまじめに答えておられる」とした上で、「戦争は『天皇の御ため』と実践し、天皇もそれを知っていたはず」という国民感情の問題に対する、「象徴」としての責任感を問うたものだと解釈している。

そのこと【戦前・戦後を通じての民衆の「象徴」としての責任】を十分に自覚されていても「文学方面はあまり研究していないので、そういう（ことを的確に表現する）言葉のアヤについては、よく分かりませんから、お答えが出来かねます」と読めば、天皇の言われたことの意味はよく分かる。注意すべきことは「お答えが致しかねます」でなく「お答えが出来かねます」である点で、天皇も何とか答えたかったであろう。

いつもの山本七平らしい論理の切れ味が感じられず、考えあぐねているような結論になっている。

切れ味というよりも、匕首《あいくち》の切っ先をいきなり突きつけたような激しさを表現したのは、詩人の茨木のり子だった。詩集『倚《よ》りかからず』で有名な茨木は大正十五年生まれ。山本七平より五歳下だが、ともに戦中派といっていいだろう。

戦争責任を問われて
その人は言った
　そういう言葉のアヤについて
　文学方面はあまり研究していないので
　お答えできかねます
思わず笑いが込みあげて
どす黒い笑い吐血のように
噴きあげては　止り　また噴きあげる

三歳の童子だって笑い出すだろう
文学研究果さねば　あばばばばとも言えないとしたら
四つの島
笑《えら》ぎに笑《えら》ぎて　どよもすか
三十年に一つのとてつもないブラック・ユーモア

野ざらしのどくろさえ
カタカタと笑ったのに
笑殺どころか
頼朝級の野次ひとつ飛ばず
どこへ行ったか散じたか落首狂歌のスピリット
四海波静かにて
黙々の薄気味わるい群衆と
後白河以来の帝王学
無音のままに貼りついて
ことしも耳すます除夜の鐘

この詩「四海波静」は詩誌「ユリイカ」の昭和五十年十二月増刊号に発表された。あの記者会見を耳にして、直接の反応をすぐさま、礫《つぶて》のようにぶつけた詩である。詩人の怒りは、大東亜共栄圏にいまだ打ち棄てられたままになっている兵士たちの遺骨を揺り動かし、それにひきかえ、無表情にして無反応なまま、「文学研究」をやり過ごそうとする昭和元禄の日本人を撃っている。

詩人の直観の恐ろしさは、そのタイトル「四海波静」にあらわれている。「四海波静かにて」という一行は詩の上では、沈黙する日本人を指している。この一行が、どこから顕現したのかは不明だが、この言葉こそ、明治天皇の御製「よもの海みなはらからと思ふ世になど波風のたちさわぐらむ」を想起させてもおかしくないからだ。昭和天皇が、もしもこの詩を目にすることがあったならば（それはほとんどありえない仮定だが）、「ことだま」の見えない力をまざまざと感じ、おののいたのではないだろうか。

最後の靖国参拝記事の小さな扱い

記者会見から三週間後、昭和五十年十一月二十一日、天皇皇后両陛下は靖国神社に参拝した。『入江日記』によると、「小雨の中を靖国神社御参拝。戦後三十年に付。続いて無名戦没者墓苑に御参拝」とある。ワシントンでのアーリントン墓地参拝を承けてもいるのだろう。九段と千鳥ヶ淵へとまわっている。

終戦後、靖国神社を初めて参拝したのは昭和二十年の十一月二十日だった。終戦の奉告のための参拝だった。それからちょうど三十年である。終戦直後の靖国神社主典だった池田良八に取材した伊藤達美「天皇と靖国神社」（「諸君！」平成元年三月号）によると、三十年前のその日は、臨時大招魂祭が挙行されたという。

この「臨時大招魂祭」の挙行にあたって、もちろん連合軍総司令部（ＧＨＱ）の許可を得なければならなかった。

「戦争犠牲者を合祀する臨時大招魂祭を行いたいので許可していただきたい」

靖国神社がこう申し入れると、GHQはあっさり了解した。（略）宮内省を通じて天皇を招待したが、進駐軍の占領下で、果して行幸、参拝が可能かどうか極めて微妙な状況にあった。

昭和天皇は、もちろん参拝した。弟宮の高松宮、三笠宮をはじめとする皇族、総理大臣の幣原《しではら》喜重郎《きじゅうろう》、陸軍大臣の下村定、海軍大臣の米内光政、GHQからは警護の名目で、民間情報教育局（CIE）のダイク准将もやってきた。この時の宮司は、予備役陸軍大将の鈴木孝雄。鈴木は、昭和十三年から靖国神社の宮司を務めていた。終戦の「御聖断」を仰いだ鈴木貫太郎の実弟である。

昭和天皇は風邪気味だったが、「大切なれば是非行く」と洩らして周囲を心配させた。当時、侍従次長として側近奉仕していた木下道雄の『側近日誌』の当日の記事を引く。

聖上、昨夜の御風邪も、村山【浩一】侍医拝診の結果、御心配申上ぐる事なしとの事にて、御予定通り10時御出門、靖国神社招魂祭に行幸あらせらる。

昨日より御言葉に、明日の行幸は大切なれば是非行くとの御事なりき。

その後、木下は自身の感想らしきものを、日記にしたためている。

「眠れや　ますらを　安らかに　たとへ　世に一時は　如何なる風ふくとも　大御心に変りはなし」。靖国神社の冬の時代を予感した詩なのであろう。

それから三十年ということもあったのであろう。この日も靖国神社は臨時大祭が行われていた。その後には、伊勢神宮参拝をしているから、昭和天皇にとっては、無事、アメリカとの和解をすませたという報告も兼ねていたことだろう。

この靖国参拝の記事を縮刷版で見ると、扱いが小さいのに驚く。朝日新聞夕刊の社会面にわずか二十五行である。記事の後半は、社会党、共産党、総評などが「憲法上問題が大きい」と反対し、政府は「私的な行為である」と突っ撥ねていることを報じている。

平成十三（二〇〇一）年八月十三日の小泉純一郎首相の参拝以来、靖国問題は大きな政治的イシューになった。平成十八年に日本経済新聞がスクープした「富田メモ」の出現によって、靖国問題はさらにヒートアップした。昭和六十三年に富田朝彦宮内庁長官が書き留めた昭和天皇の御言葉は、A級戦犯を勝手に合祀した靖国神社への怒りだった。

私は　或る時に、A級が合祀されその上　松岡、白取までもが（略）
だから、私あれ以来、参拝していない　それが私の心だ

「松岡」は松岡洋右。日独伊三国同盟をまとめ、日米交渉に反対して首を切られた外務大臣で、東京裁判開廷中に病死している。「白取」は白鳥敏夫。やはり三国同盟を推し進めた枢軸派の外交官で、東京裁判で終身禁固刑となり、服役中に病死した。

東条英機をはじめとした七人の刑死者（他に、板垣征四郎、土肥原賢二、松井石根、木村兵太

郎、武藤章、広田弘毅）と、公判中あるいは服役中に死亡した七人（松岡洋右、永野修身、白鳥敏夫、東郷茂徳、小磯国昭、平沼騏一郎、梅津美治郎）は、昭和五十三年十月の例大祭の時に、松平永芳宮司（父は終戦直後の宮内大臣・松平慶民）の判断で合祀され、靖国神社におさまった。その事実が報道されるのは、昭和五十四年四月になってからだった。「だから、私あれ以来、参拝していない　それが私の心だ」は、最晩年の昭和天皇の遺言のような響きをもって、受けとめられた。

昭和五十年には、わずか二十五行のニュースバリューしかなかったことは、二重の意味で今昔の感がする。「二重の」というのは、戦前戦中の天皇陛下の靖国神社参拝は大ニュースだったからだ。

額ずく靖国の遺族の前を御料車はゆるゆると進む

靖国神社の近く、九段下の交差点に、窓のない奇妙な建物がある。昭和館といって、昭和の時代の日本人の労苦を偲ぶことを目的に建てられた国立の博物館である。ここでは「昭和館懐かしのニュースシアター」と銘打って、週替わりで、戦前戦中戦後のニュース映画を毎週四本ずつ上映している。ニュース映画専門館というものが昭和三十年代ころまであった。テレビのない時代には、動くニュース映像を見るにはこういう映画館に行かないとかなわなかった。

その趣向を受け継いだ「懐かしのニュースシアター」は無料なので、私はここ十年来通っている。ニュース映像は一切編集が施されていなくて、構成も、ナレーションも、つくられたそのままで見ることができるのがありがたい。当時の人と同じ意識となって、その時代の空気を吸い、歴史に対することができるからだ。

そのニュースを見続けていると、昭和十年代には、靖国神社の春秋の例大祭がいかに重要な行事であったかが、いやでもわかってくる。特に支那事変の犠牲者が合祀されるようになってからは、その合祀者の数からも、また事変という名の戦争が続いているという事情からも、もっとも大きなイベントだったと了解される。

戦死者が靖国の神となって合祀されるのが例大祭である。例大祭には全国から合祀者の遺族たちが靖国神社に招待される。特別列車が仕立てられて、東京をめざす。それは東京見物も兼ねていて、公費による贅沢な旅行でもある。靖国の遺児たちが招待されて、護国の神となった亡き父と、靖国の社《やしろ》で対面するのを楽しみにしている姿は、けなげである。

例大祭当日、天皇陛下の御料車は、宮城を出発して靖国神社の境内に入る。両側には喪服に身を包んだ遺族たちがぎっしりと地べたに座って、頭を深く垂れている。雨にたたられる例大祭の日も、その姿には変わりはない。遺族たちの間を御料車はスピードを落としてゆるゆると進む。車の中ははっきりとは見えないが、陛下が少し身を屈めて、遺族たちに御挨拶をしているように見える。これが春と秋に繰り返される。

お国のために身を犠牲にした民草の兵士の遺族にとっては、これほど晴れがましい場はないであろう。ここで、どうにか、やっと、肉親の理不尽な死を納得させる。息子の、夫の、父の、兄の、弟の死は無駄ではなかった、と。

そんな時代錯誤ともいえる靖国神社イメージが、いつのまにか私には刷り込まれている。昭和館というロケーションも影響しているかもしれない。靖国神社の鳥居がよく見える。昭和館の奇妙な、いっそ不吉ともいえる建物の隣は、帝冠様式の九段会館である。戦前は軍人会館と呼ばれていたその建物は、二・二六事件の戒厳司令部がここに置かれ、その写真は今でもよく見かける。九段会館は東日本大震災の時に天井が落ちて死者を出し、閉鎖されてしまった。そのニュースで九段会館は日本遺族会が運営していることを知った。閉鎖になる前は、夏になるとたまに、早めの時間に屋上のビアガーデンに行った。バニーガール嬢が運ぶビールを飲みながら、皇居の石垣と御濠がだんだんと暮れなずんでゆく風景をぼんやり見つめていると、特別な時間感覚が呼び覚まされた。

このあたりには地霊というものが、あるのだろうか。そんなことを信じているわけではないが、少なくとも、いまという時間だけがすべてではない、ということを実感させられる。たそがれどきの時間帯がとくにそうである。

伊藤達美の「天皇と靖国神社」によると、昭和天皇の靖国神社参拝、いや、靖国神社御親拝は四十一回に及んだという。戦前戦中の約二十年間に三十三回、戦後の四十幾年間に八回である。戦後の一回目が昭和二十年十一月二十日、二回目は占領が終了した昭和二十七年十月十六日の例大祭の時だった。そして、最後の八回目が昭和五十年十一月二十一日である。昭和が終わるまで、それから十三年二ヶ月弱の歳月があった。平成になってからも御親拝は途絶えたままであり、あわせるともう四十年近くの月日がたっている。

昭和天皇の御親拝の回数を多いとみるか、少ないと思うかは人それぞれである。言えることは、それが「私的な参拝」であるはずはなく、宮中祭祀と同じくらい重要な「公務」「お仕事」であったということだ。それから、靖国神社御親拝は、いついかなる時であっても、身を切り裂くようにつらい行為であったろうということだ。額ずく遺族の間をゆるゆると通り抜ける御料車の映像が浮かんでくる。

「お年のせいでブレイキがきかなくおなりになった」

昭和五十年秋、アーリントン墓地で、「この国の戦死将兵をかなしみて花環ささげて篤くいのりぬ」と一首が詠まれた。同じく昭和五十年秋、最後になった靖国神社御親拝の歌は、存在するかどうかはわからないが、歌集には収載されていない。

昭和五十年秋のアメリカ訪問は、昭和天皇の晩年の最大のお仕事であった。無事にその仕事を果たした後、心のなかにずっと負っていた重荷は、相当軽減されたであろう。翌昭和五十一年秋には、日本武道館で在位五十年式典のお祝いがあり、この年は、現役の象徴天皇のお仕事と並行して、入江侍従長を聞き役、まとめ役にした「拝聴録」の作業が進められ、回想モードに入っていた。この時点では終戦の翌年にまとめられた『昭和天皇独白録』はまだ発見されていない。おそらくそれに代わる、あるいはリメイク版に相当する「拝聴録」で、自らの七十余年の生涯を省みていた。

昭和五十一年の「入江日記」では、入江侍従長は、昭和天皇からお話をうかがい、文章にまとめ、校閲を仰ぎ、清書するという仕事に多くを費やしている。「国連【国際連盟】脱退の分からかかる」などとあるから、まだ昭和初年代あたりの回想である。その一方で「昨夜お上と杉村さん【侍医の杉村昌雄】と日の出のことについて大論争の由。お年のせいでブレイキがきかなくおなりになった」（二月四日）といった記述があり、老いて頑固になった昭和天皇の一面を伝えている。その年の『入江日記』の「年末所感」を引く。

一月十日に文春の二月号が出て、それに皇族団欒とかいうくだらない座談会の記事が乗った。秩父妃、高松宮同妃、【三笠宮】寛仁《ともひと》さんという顔ぶれ。司会は加瀬英明。つまり高松さんがひとりで誇りかにしゃべっておられるだけ。已に昨年の同誌二月号にも加瀬君が書いているが、それも高松宮からうかがったようなことが多く、それによれば御自分は根っからの平和論者であり、太平洋戦争を止めたのも自分であるという意味のことが書いてある。これがお上は非常にお気に入らず、実に数え切れない程度々お召があった。このようなことであったのでそれでは思召されることを何でもおっしゃっていただいたら如何か、それによってさっぱり遊ばすのならとお勧めし、それはそうすれば楽だと仰せになるのですっかりうかがうことにする。拝聴録計九冊と結語とがこれを動機として出来上った。なお明年もおつづけいただこうと思う。

昭和天皇が抑えがきかなくなって、その不満を入江侍従長にぶつけたのは、加瀬英明の「高松宮かく語りき」という原稿である。そこには昭和十六年十一月三十日のことが書かれていた。その翌日に日米開戦を裁可する御前会議が迫っていた日に、高松宮は参内して「海軍は戦力に不安があり、できれば戦争を避けたい」という海軍のぎりぎりの意思を伝える。この事実は「木戸日記」にも「杉山メモ」にも書かれていて周知のことなのだが、「高松宮かく語りき」はそこで、兄弟が口論となり、せっかくの高松宮の意見具申に昭和天皇が一顧だも与えなかったこと、つまり、昭和天皇の開戦責任を間接的に問うものであった。

必ずしも仲がよくはない兄弟であっても、そうした批判が公然と「文藝春秋」に載ったのだから、心穏やかではないだろう。その不満が尾をひいて、「拝聴録」となったのだ。「拝聴録」は残念ながら未発表だが、その中に、七十代の昭和天皇の戦争への思いと悔恨は封じ込められているのであろう。昭和という時代の最重要証言である。是非とも公開されるべきだろう。

第九章　御集『おほうなばら』と御製「身はいかに」

昭和天皇の和歌一万首

昭和天皇の思いをさまざまに忖度《そんたく》してきたが、肝心の昭和天皇の御製をまだきちんと読んでいなかった。これではいけない。「真の勅語は御製にあり」という御歌所の歌人・千葉胤明の言葉があるではないか。

昭和天皇の歌集は何冊かあるが、平成二年十月に読売新聞社から刊行された『おほうなばら昭和天皇御製集』を通読することにした。奥付に「編者　宮内庁侍従職」とあり、八百六十五首が収録されている。解説は岡野弘彦と徳川義寛である。

岡野弘彦は昭和五十七年から御用掛をつとめ、昭和天皇の御製の相談役となった。岡野は三重県で神社の家に生まれ、国学院大学で古代文学と和歌を折口信夫《おりくちしのぶ》（釋超空《しゃくちょうくう》）に学んだ。養子にした教え子・折口春洋を硫黄島の戦いで失って、独身に戻っていた師に同居して、その晩年に尽した。折口は戦後、斎藤茂吉、窪田空穂などとともに歌会始の選者に任命されているから、師弟二代にわたるつながりである。岡野は「拝見した数から推して、おそらく一万首はくだらない」と、御製の数を推測している。明治天皇の十万首（この数は千葉胤明の推定している数字である）には比ぶべくもないが、一万首は相当な数である。
昭和聖徳記念財団編の『昭和を語る』という本に、岡野の平成十一年に行なった講演「昭和天皇の御製」が収められている。『おほうなばら』の解説よりも、この講演のほうがわかりやすい。

日本が近代に入って以来、特に敗戦後半世紀経るうちに、歌というものに対する日本人の意識が急速に変わりました。日本人にとって歌はまず、和歌、短歌です。その和歌、短歌は、文学というだけではない。魂を打ち込んで言わなければならない大事なこと、それを言う時の形が短歌なのです。例えば武士が身の潔白を証明しなければならない時、三十一文字で自分の魂を表現しておかないと腹を切っても無駄腹になる。そういうことが急速に忘れられ、ヨーロッパの現代詩の一行と変わらなくなりました。
ヨーロッパ文学に接して以来一世紀半になろうとする現在、ヨーロッパ文学のいい部分を吸収しつつも、伝統的な短歌の正しさを踏まえた、背骨をすっくと立てた短歌が生まれてこなければならない時期です。

そう考える時に、天皇の御製や歌会始の歌の大事さがよくわかります。

昭和天皇の御歌の大きさ

古代から受け継がれる日本人のこころを容れる器が五七五七七という磨き抜かれた定型であり、

散文や会話、つぶやきにはない「力ある言葉」が短歌であり、なかでも御製には特別な力がこもっているという。

年の始めに天皇が国民にお示しになる御歌は、濃密で大事な意味をもった祝福の宣言です。これからの一年間の生活はこんなふうに祝福せられてあれ、こんなふうに豊かであれ、こんなふうに清らかであれ、われわれはこういう覚悟でこういう生活をしていこう、という宣言なのです。

戦前は、公表される御製は歌御会始（大正末年から「御」をはずして、歌会始と呼ぶようになる）での一首だけであった。それだけに余計、新年の一首は重みがちがった。岡野弘彦は大正十五年と昭和三年の御製を秀歌としてあげている。

広き野をながれゆけども最上川海に入るまでにごらざりけり

歌はうたうもの。うたってはじめて、朗々として、のびやかな調べがわかります。皇太子としては最後の歌会始に詠まれたこの御歌の調べは、滞りなく、おおらかで、清々しい。

最上川のある山形県出身の小説家丸谷才一さんは、この御歌について、斎藤茂吉の、「最上川逆白波のたつまでにふぶくゆふべとなりにけるかも」という近代を代表する秀歌を引き合いに出して、調べとしては昭和天皇の御歌の方が大きいではないかと言っています。

昭和三年、昭和天皇は即位後最初の歌会始で、「山色新」（さんしょくあらたなり）の題により、次の御製を詠まれました。

山山の色はあらたにみゆれどもわがまつりごといかにかあるらむ

はじめて天子としてお執りになるまつりごとをこのように省みていられる。こういうところに昭和天皇の御心の深さ、清々しさが現れています。

天皇という御位に就いての初めての御製である「山山の」には、清々しさよりも、二十六歳の青年君主の不安が反映されているように私には映る。張作霖爆殺、いわゆる満洲某重大事件は、この年の六月に起こっている。東京裁判がその訴因の起点においた事件を予感させるかのような御製ではないか。

そんな時代のただなかで、昭和天皇の平和愛好は御製に現われつづけた。

昭和の一桁代から二桁代に入る頃、日本の内外情勢は段々厳しくなっていきます。私はこれまで昭和天皇の御製を時代との絡み合いで丹念に拝見してきましたが、兵士をいたわられる御製はあっても、戦いを推し進められる御製は一首としてありません。そして常に戦いを未然に防ごうというお気持ちを持っていられたのです。

その甲斐もなく、戦争、敗戦へと時代は突き進んだ。昭和二十二年の歌会始から、千葉胤明など旧派歌人だけでなく、斎藤茂吉らが選者に入り、歌会始の歌は「一般世間と変わりのない新鮮な歌風」へと、劇的に変わったという。その年の御製が「たのもしく夜はあけそめぬ水戸の町うつ槌の音も高くきこえて」である。

長く暗い夜の時間が終わったのだ。戦後の復興の兆しがこんなふうに国民の生活の中から起こってきているのではないか。こういう形で日本を築いていこうという昭和天皇の御心がよく現れています。

前年昭和二十一年の正月、それまで「神」とされてきた昭和天皇が人間宣言といわれる詔勅をお出しになり、やがて全国御巡幸をおはじめになります。戦いの中で子供や夫を亡くした人、衣食住に困っている国民の生活をつぶさに御覧になり、励まされ、新しい日本の復興の核になっていかれたわけです。（略）以来今日まで天皇はその力を担ってこられた。そして日本が戦争に敗け、再び立ち上がろうとする時に、昭和天皇は天皇が歴史的に担われてきたその力【日本人を凝縮させる力】を示されたのです。

『おほうなばら』は波静かな太平洋である

岡野弘彦と同じぐらい昭和天皇の御製理解のよき導き手になっているのが、『おほうなばら』のもう一人の解説者である徳川義寛である。昭和十一年から侍従をつとめ、終戦の日、玉音放送を吹き込んだ録音盤を守って、叛乱軍兵士から殴られた武勇伝で有名である。入江相政の歿後、

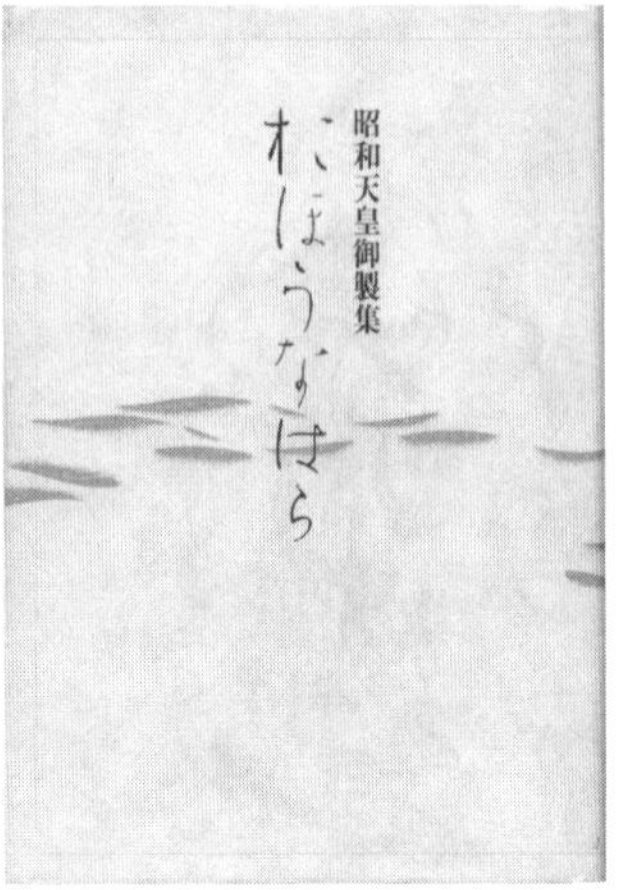

『おほうなばら』

侍従長をつとめた。おそらく『おほうなばら』の事実上の編者であろう。その解説「おほうなばら解題」は、御製による昭和天皇小伝として、よく出来ている。その中で、「よもの海」にかかわる点だけ拾っておきたい。

昭和十一年のお題「海上雲遠」に陛下は、昭和四年にお立寄りになった潮岬の眺望をお詠みになった。

紀伊の国の潮のみさきにたちよりて沖にたなびく雲をみるかな

そのときは波静かな太平洋であった。

この「波静かな太平洋」はなにげなく書かれているが、あきらかに「よもの海」の「など波風のたちさわぐらむ」と、ホワイトハウス前でのお言葉を踏まえている。徳川も侍従次長としてアメリカに随行している。御製「よもの海」については、昭和十六年九月六日の御前会議の「前日から御準備になった」と、当日の思いつきではないことを明記し、「戦争を出来る限り避けるようにお望みになった」ことを強調している。

『おほうなばら』というタイトルの出典である御製についても解説し、この「おほうなばら」が太平洋であることを示唆している。

昭和六十二年噴火のあとの御視察に大島へお出かけになった。往きはヘリコプターに、帰りは高速船にお乗りになった。

ひさしぶりにかつをどりみて静かなるおほうなばらの船旅うれし

熊谷博人の装丁を見ると、タイトル文字の『昭和天皇御製集　おほうなばら』以外は、グレイの穏やかな線があるだけで、徳川の解説によって、これは波静かな太平洋を描いたものだと気づくのだ。昭和天皇の遺志を徳川義寛が聞いていたのかどうかはわからないが、おそらくその意向に沿ったものではないだろうか。

「むねせまりくる」に戦争の影

岡野弘彦、徳川義寛は昭和天皇の御製についての二大理解者だが、もう一人、宮内庁からすれば芳しからざる第三の男がいる。『昭和天皇の〈文学〉』の著者・田所泉である。田所は「新日本文学」に属していたから、典型的な左翼の文芸評論家である。本のタイトルから察しがつくように、昭和天皇の「言葉のアヤ」「文学方面」発言をきっかけにして、批判的に昭和天皇の歌集を読み込んでいて、それはそれで参考になる。

発表されている作には恋の歌は皆無である、「むねせまりくる」と詠まれた歌には必ず戦争が影を落としている、占領下の歌は「雪」と「松」と「耐える」が底流としてある。田所のこういった指摘は、誰でもが漠然と感じることである。田所の奇妙な情熱は、御製の数値化で発揮される。

字余りの歌が極端に多く、『おほうなばら』には三百六十首あり、四十一パーセントの歌が字余りであり、その字余りの句に、天皇の感情が託されていることが多い、という。喜怒哀楽の言葉では、「うれし」が三十四首でトップ、山岳では「富士山」が九首でトップなどと調査結果が書かれている。

近親者では、母宮・貞明皇后が十七首でトップ、次いで、皇太子（今上天皇）が十四首、浩宮《ひろのみや》徳仁《なるひと》親王（皇太子）が五首と、皇位継承者が並ぶ。紀宮清子《のりのみやさやこ》内親王（黒田清子）は一首あるが、その兄の礼宮《あやのみや》文仁親王（秋篠宮）はゼロ、という今になっては『おほうなばら』は増補版が必要なのではないか、という貴重なデータもある。

意外なことに、仲睦まじかった良子《ながこ》皇后（香淳皇后）は直接詠まれたのは一首のみ。美智子妃（美智子皇后）は「ひのみこ」の婚約者、配偶者として直接は詠まれていないので、田所はゼロとしている。私は田所のカウントには反対で、「皇孫」という詞書のある御製「山百合の花咲く庭にいとし子を車にのせてその母はゆく」は、明らかに作者の視線が、まだ赤子の孫（皇太子）よりも、乳母車を押す母親（美智子皇后）の方に収斂していて、息子（今上天皇）の嫁への好ましい感情が歌われていると思い、美智子妃についても一首詠まれている、とする。

美智子皇后について、田所は興味深いことを書いている。それも「よもの海」に関係する。田所は、「よもの海」の作歌が日露戦争開戦の前か後かわからないとしているのだが、まず、大正天皇が、第一次世界大戦参戦の年に詠んだ「波風は立ちさわげども四方の海つひにしづまる時もきぬべし」を、明治天皇の御製の「焼き直し」として紹介する。「焼き直し」という物言いに、田所の心根が覗いている。和歌の世界では、前の歌から影響を受けた痕跡を残して詠む「本歌取り」という方法は由緒正しい詠み方で、それをわざと「焼き直し」と言っているのだ。

明治天皇の御製「よもの海」を本歌取りした昭和天皇の御製は多い。それは、平成の歌会始にも連綿として続いた例を田所はあげている。

「波風」は昭和天皇かぎりで打ち止めとはならなかった。昭和天皇を継いだ明仁天皇は、一九九四年の歌会始（題は「波」）で、「波たたぬ世を願ひつつ新しき年の始めを迎へ祝はむ」と詠んだ。同じ題で、美智子皇后は「波なぎしこの平らぎの礎と君らしづもる若夏（うりずん）の島」と唱和した。太平洋戦争の最終年、沖縄戦の惨禍が皇后の歌の背後にあることは明らかである。皇后はここで、和歌によって、たくみに天皇の歌を補完した。むしろ、「代位」したとさえ言えようか。

今上天皇の「波たたぬ」は、曾祖父・明治天皇と父・昭和天皇の平和愛好の精神を受け継ぎ、美智子皇后の「波なぎし」は、晩年の昭和天皇が病いのために果たせなかった幻の沖縄巡幸の歌と、私には読めた。昭和天皇は昭和六十二年に「思はざる病となりぬ沖縄をたづねて果さむつとめありしを」と歌っていたからだ。「補完」は天皇皇后のお二人によってなされた、と私には思える。

田所泉の本のおかげで思い出されたのは、小泉純一郎首相の施政方針演説での昭和天皇の御製引用である。東久邇首相の昭和二十年九月五日の施政方針演説で、昭和天皇が御前会議で明治天皇の御製「よもの海」を高らかに読みあげたと報告したことはすでに触れたが、小泉首相はそれに倣ったのだろうか。

平成十四（二〇〇二）年二月の国会というから、靖国問題が小泉首相の意識の中にあったであろう。引用したのは、人口に膾炙《かいしゃ》している昭和二十一年の歌会始の御製「ふりつもるみ雪にたへていろかへぬ松ぞををしき人もかくあれ」である。小泉首相は御製の引用のあとに、こう獅子吼《ししく》している。「明治維新の激動の中から近代国家を築き上げ、第二次世界大戦の国土の荒廃に屈することなく祖国再建に立ち上がった、先人たちの献身的努力に思いを致しながら、我々も現下の難局に雄々しく立ち向かっていこうではありませんか」と。御製の効用は、まだ生きているのかもしれない。

昭和に入って不安な気配が歌われる

『おほうなばら』を読む前に、予習に時間を取られすぎてしまった。『おほうなばら』一冊を通読すると、さまざまな感想が湧くが、「よもの海」とかかわるところだけに話題を限定する。

『おほうなばら』は大正十年の歌御会始の御製が巻頭に置かれ、最晩年までがほぼ時代順に収録されている。満十九歳から八十七歳までである。戦前戦中の作は一首を除いてすべて歌会始の歌なので、お題がある。巻頭の一首のお題は「社頭暁」。

とりがねに夜はほのぼのとあけそめて代代木の宮の森ぞみえゆく

明治天皇の偉業を伝えるために建立された明治神宮を詠んだ歌である。創建間もない明治神宮を明らかに意識した「社頭暁」であるから当然ではあるが、『おほうなばら』全体が、明治天皇を繰り返し想起する歌集であるから、巻頭にふさわしい。

続く二首目も偶然だが、全体の構成と大きく係わる。大正十一年のお題は「旭光照波」。

世のなかもかくあらまほしおだやかに朝日にほへる大海の原

この歌はおそらく大正十年の訪欧旅行の折りに軍艦香取の艦上からみた風景だろう。インド洋か、南シナ海か、太平洋かは定かでない。またヴェルダン要塞などヨーロッパ戦線の激戦地を訪ねた折りの感慨も後ろには隠されているだろう。「平和愛好の御精神」も躍動している。「大海の原」は本のタイトル「おほうなばら」に通じている。つまり、冒頭の二首で、「明治天皇」「平和愛好」「太平洋」という重大要素が揃っていて、それをかき乱す「波風」はまだ立ち騒いでいない。

昭和に入って、それが転調する。昭和三年のお題は「山色新」と、改元後初めての歌会始らしい清新の気が感じられるのだが、御製は不安の気配を歌っている。

山山の色はあらたにみゆれどもわがまつりごといかにかあるらむ

若葉マークの君主としての不安というより、もっと時代が強いる不安がただよっている。昭和四年の御製に「朝風」、五年に「あら波」が出てくるが、それはまだ言葉の上でしかない。昭和八年のお題は「朝海」。爽やかな歌が詠まれそうなお題だが、不安はさらに増幅している。

あめつちの神にぞいのる朝なぎの海のごとくに波たたぬ世を

ここでの「波」は、現実を反映している。満洲事変、上海事変の後に、満洲国が建国され、国際連盟はリットン調査団を派遣し、日本は国際的に孤立を強めており、国内では、犬養毅首相が海軍青年将校の「問答無用」な凶弾に斃れている。

昭和十五年のお題は「迎年祈世」で、これは紀元二千六百年の奉祝を迎える年ゆえのお題だろう。新世紀は日本の世紀になるという気分が社会には溢れていたが、御製は〝目出度さも中ぐらい〟の御歌である。

西ひがしむつみかはして栄ゆかむ世をこそ祈れとしのはじめに

支那事変は泥沼にはまり、ヨーロッパでは世界戦争が始まっている。祖父の「よもの海」の心境に通じる御製である。

昭和十九年のお題は「海上日出」。戦線は「日に非に」なってきている。山本五十六聯合艦隊司令長官戦死、アッツ島玉砕など、もう国民に敗勢を隠しきれないところにきていた。

つはものは舟にとりでにをろがまむ大海の原に日はのぼるなり

戦う兵士を詠んだ唯一の御製である。「舟」は海軍、「とりで」は陸軍で、一首に陸海軍双方を取り込んでいる。ここでも「大海の原」(おほうなばら)が詠み込まれている。

四首のリーク候補

戦争は終わった。それからは発表される御製が飛躍的に増える。なかでも注目されるのは、終戦直後に侍従次長だった木下道雄が昭和四十三年に出版した『宮中見聞録』で紹介した四首のうちの二首である。

身はいかになるともいくさとどめけりただたふれゆく民をおもひて

国がらをただ守らんといばら道すすみゆくともいくさとめけり

「身はいかに」は、昭和二十年九月二十七日、アメリカ大使館にマッカーサーを訪ね、会見した時のようすを想像させる歌であり、「国がらを」は国体護持をめぐってポツダム宣言を受諾するか否かで御前会議が三対三に割れ、ついに聖断を下すまでを詠んだ歌としか思えない。いわば、出来過ぎの御製ともいえる。

木下道雄の歿後、当時の日記が『側近日誌』として刊行された。その昭和二十年十二月十五日にこうあった。

次で聖上に拝謁。

一、御製を宣伝的にならぬ方法にて世上に洩らすこと、御許を得たり。

終戦時の感想

爆撃に　たふれゆく民の上をおもひ　いくさとめけり　みはいかならむとも

みはいかに　なるとも　いくさとゞめけり　たゞたふれゆく民をおもひて

国がらを　たゞ守らんといばら道　すゝみゆくとも　いくさとめけり

外国と　離れ小島にのこる民の　うへやすかれと　たゞいのるなり

と、四首の御製をリーク候補とした。このエピソードは、日露戦争の時に御歌所の高崎正風と千葉胤明が、明治天皇の許しがもらえないままに、馘首を覚悟で、御製を新聞雑誌に洩らしたことを思い出させる。御製は兵士と銃後の士気を鼓舞し、英訳されて「おほうなばら」を渡り、セオドア・ルーズヴェルト大統領を感銘させた。この故事に倣ってのリークであろう。

十二月二十九日の『側近日誌』に「御製を発表す」とあり、昭和二十一年元旦の新聞には「人間宣言」発表を補う形で、三日前にマスコミ発表された左の御製が掲載された。

海の外《と》の陸《くが》に小島にのこる民のうへ安かれとただいのるなり

『おほうなばら』に収録されなかった御製「身はいかに」

リークを許された四首のうちで、一番人気があるのは「身はいかに」のお歌である。鈴木正男の『昭和天皇のおほみうた』には、平成七年の時点で、全国で確認された昭和天皇の歌碑一覧が載っているが、百九十五基のうち、第一位が昭和八年の御製の九基である。

あめつちの神にぞいのる朝なぎの海のごとくに波たたぬ世を

明治天皇の「よもの海」の平和愛好の御精神を受け継ぐ御製である。つづく第二位が、「身はいかに」の六基であった。北から、福島市の光農場、新潟県新発田《しばた》市の諏訪神社、埼玉県川口市の氷川神社、東京の富岡八幡宮、岡山県津山市の日本植生株式会社、山口県徳山市の徳山大学である。昭和二十年三月十日の東京大空襲のあとに、昭和天皇が焼け跡を巡幸した深川の富岡八幡宮が入っているのが目を引く。

第二位と人気が高いにもかかわらず、この歌は『おほうなばら』には収録されていない。宮内庁非公認の御製なのである。徳川義寛は『侍従長の遺言――昭和天皇との50年』で、大先輩で、かつての上司でもある木下道雄を批判している。

『側近日誌』で木下道雄さんが記録しておられる。ただ、木下さんの日記も困ったもので、陛下の歌を草稿のまま写しておられるんです。

未定稿の草稿を「日記」に書き留めたもので、正統性を持っていない。素姓がよくないお歌というわけである。

四首のうち二首は「終戦時の感想」という詞書がついて、『おほうなばら』に載っている。

爆撃にたふれゆく民の上をおもひいくさとめけり身はいかならむとも
海の外の陸に小島にのこる民のうへ安かれとただいのるなり

後者は十二月十五日「木下日記」では、「外国《とつくに》と離れ小島にのこる民のうへやすかれとたゞいのるなり」とあったもので、二十九日のマスコミ発表時までに「海の外の陸に小島にのこる民のうへ安かれとただいのるなり」と改作されている。これは「御製は入江相政さんや私が拝見し整えて、木俣修御用掛にも見ていただく」という手筈をとるためである。

徳川義寛は未収録の二首を批評している。「みはいかに」については、「これはいけない。『みはいかになるとも』が初めに来ちゃあいけない」と、修辞上に問題ありとし、「国がらを」については、「これもいけない。(発表を)やめた歌なんです」と没にしたことを打ち明けている。こちらは内容上に問題あり、と判断したのであろう。

太平洋を眺めると思いは戦争へ

昭和二十年は、あらゆる意味で混乱し、問題を多く孕む年である。それゆえに長くとどまってしまった。戦後は、太平洋(おほうなばら)と靖国神社に焦点をしぼりこむ。

太平洋を眺める土地に来ると、思いは戦争へとつながっていく。千葉県九十九里の鴨川では、「この海はアメリカまでもはるばるとつづくと思ふ鴨川の宿」(昭和五十九年)と詠み、伊豆半島の南端、下田の須崎御用邸に滞在すると、「岡こえて利島《としま》かすかにみゆるかな波風もなき朝のうなばら」(昭和四十九年歌会始)、「大島は霞たなびきこちの風ふく入海に白波のたつ」(昭和五十二年)、「朝風に白波たてりしかすがに霞の中の伊豆の大島」(昭和五十五年)と詠んでいる。須崎の歌は、たんなる叙景歌とみなしていいかもしれない。歌集のタイトルになった昭和六十二年の「ひさしぶりにかつをどりみて静かなるおほうなばらの船旅うれし」も含めて、七十歳を越えてからの御製は、太平洋を眺めても余裕が感じられる。

それに比して、昭和三十二年に静岡県を旅した時の御製は、切実さがこもって、切れば血が出る情感がある。「水口屋にて西園寺公望を思ふ」と詞書のある二首だ。「水口屋」とは静岡県興津にある旅館で、西園寺の坐魚荘のすぐそばにあり、昭和十五年十一月に西園寺がなくなるまで、西園寺詣での政治家や高官が宿泊した旅館である。新聞社はわざわざ支局を興津に設け、水口屋の泊り客をチェックした。戦前日本の政治ニュースの重要な発信基地である。

そのかみの君をしみじみ思ふかなゆかりも深きこの宿にして
波風のひびきにふとも夢さめて君の面影しのぶ朝かな

「波風の」は、深夜に苦しい夢から目覚めて、すぐそばの太平洋の波と風のひびきのなかで、西園寺の温顔と訓えを思い出しているのだろう。「西園寺」という固有名詞を欠落させると、まるで恋歌のようであるが、「西園寺」があることで、夏目漱石の「夢十夜」に匹敵する原罪を抱えこんだ主人公像がイメージされる。

「神がみ」が十年後には「人々」に

では、靖国神社はどうだろうか。伊勢神宮に比較すると、詠まれることは少ないが、それでも何首かある。昭和三十四年に、「靖国神社九十年祭」の詞書がある一首が登場する。

ここのそぢへたる宮居の神がみの国にささげしいさををぞおもふ

戦前でもそのまま通用しそうな御歌で、「ここのそぢ（九十年）」を除くと、戦後の匂いはない。靖国神社に祀られると、神道なので、その人は神になる。「〇〇〇〇」という名前の人間は「〇〇〇〇之命」という神になるのである。だから歌われているのは二百五十万柱の「神がみ」である。同じ年に、引取り手のいない遺骨を祀った千鳥ケ淵戦没者墓苑が完成し、その際に詠まれた「国のため命ささげし人々のことを思へば胸せまりくる」の「人々」と好対照である。

その十年後、昭和四十四年に「靖国神社百年祭」が詠まれる。この歌を十年まえの靖国と千鳥ケ淵の御製と読み比べてみよう。

国のためいのちささげし人々をまつれる宮はももとせへたり

十年の間に「神がみ」は「人々」になり、上の句は文字づかいが少し違うが、千鳥ケ淵の御製とほぼ同じである。これだけでは軽々には判断できないが、靖国神社が特別な場所であるという思いは、やや薄れてきたようにも読める。あるいは、戦後的価値観が御製の中に入り込んできた、とでもいえばいいのだろうか。

靖国神社とほぼ一体といっていい日本遺族会についても何首か詠んでいる。
昭和三十七年の「日本遺族会創立十五周年」の御製と、その十五年後、昭和五十二年の「日本遺族会創立三十周年式典」の御製の二首である。

年あまたへにけるけふものこされしうから思へばむねせまりくる
みそとせをへにける今ものこされしうからの幸をただいのるなり

「うから」とは、血族、親族をいう古語で、二首は同工異曲といえよう。ただ、昭和三十七年には、「遺族のうへを思ひて　二首」と詞書のある御製をも詠んでいる。

忘れめや戦《いくさ》の庭にたふれしは暮しささへしをのこなりしを
国のためたふれし人の魂《たま》をしもつねなぐさめよあかるく生きて

『おほうなばら』では近いところに置かれているので、同じ時か、そう離れてはいない時に詠んでいるのだろう。この二首には、儀礼的ではないものが感じられる。
昭和五十二年の御製については、「入江日記」の十月三十日に「そのあと拝謁、遺族会の御製のお詠み直しをお願いする」という気になる一行がある。日本遺族会創立三十周年の式典は十一月十七日に九段会館で行なわれた。その日の写真が板垣正『声なき声　250万英霊にこたえる道』という本の口絵に載っている。

板垣正は日本遺族会事務局長（昭和五十五年からは参議院議員）で、父はA級戦犯で絞首刑となった板垣征四郎元陸軍大臣である。シベリア抑留の後、日本共産党に入党する。脱党後、遺族会の仕事に関わるようになる。板垣の本の口絵写真を見ると、九段会館講堂の舞台正面に天皇陛下が着座し、遺族会の役員などが脇に控えている。この講堂は戦歿者慰霊祭が行なわれる日本武道館とはちがい、ふつうの学校の講堂くらいの大きさしかないので、壇上と客席は間近に接している。遺族会はもともとは戦死者の親の世代が中心になって出発した。それから三十年がたち、世代交代となった。この場の遺族とは、かつての靖国の遺児たちが主であり、咫尺《しせき》の間《かん》に天顔を拝するという趣きなのだ。御製「みそとせを」は、この時、朗誦されたのであろう。

例大祭ではなく八月十五日が歌われる

靖国神社のお歌で、一番引用されるのは、昭和六十一年八月十五日の御製である。最晩年の昭和天皇の「うれひ」が詠まれているからだ。

この年のこの日にもまた靖国のみやしろのことにうれひはふかし

この御製について、徳川義寛は『侍従長の遺言』で、その制作意図、発表意図をかなりはっきりと話している。

合祀がおかしいとも、それでごたつくのがおかしいとも、どちらともとれるようなものにしていただいた。陛下の歌集『おほうなばら』に採録された時に、私は解題で「靖国とは国をやすらかにすることであるが、と御心配になっていた」と書きました。発表しなかった御製や、それまでうかがっていた陛下のお気持ちを踏まえて書いた。それなのに合祀賛成派の人たちは自分たちの都合のよいように解釈した。

「富田メモ」と符合する御製であるということだろう。昭和天皇の次代へのメッセージとも読めるお歌である。四句目が字余りだが、声調も整っている。覚えやすい歌である。

この御製を、前の靖国の御製と並べてみると、新しい特徴に気がつく。それは「この年のこの日」と、八月十五日を歌っていることだ。八月十五日は終戦記念日であり、玉音放送の日である。しかし、靖国神社にとっては大事な日ではない。靖国神社にとっては、春と秋の例大祭が大事な日である。靖国にとっての八月十五日は、近隣諸国から非難される日であり、A級戦犯合祀が槍玉にあがる日であり、政治家が大挙して参拝する日であり、大東亜戦争が侵略戦争か、自存自衛の戦争であったかを問われる日である。

「この年の」が具体的に何をさすかはまだ見当がついていないが、「この日にもまた靖国のみやしろのこと」とは、靖国神社に祀られた二百五十万柱の神々（戦没者）ではなく、「靖国問題」としての靖国神社を「うれひ」ていることになる。そこが新しいところであり、焦点が微妙にずれたのではないかと思われるところでもある。

戦死者を思い出す春秋の例大祭ではなく、終戦記念日の騒がしい靖国神社がクローズアップされている。八十五歳の昭和天皇の記憶から、戦争の生々しい惨禍が、いつしか浄化され、漂白されているかのような。

徳川義寛の『侍従長の遺言』には各章のとびらに、自作の短歌が掲載されている。「靖国神社」の章には歌はない。「昭和の思い出」の章には「大統領官邸（ホワイトハウス）の前庭」という詞書の二首があった。「鼓笛隊の行進すみて大統領も君も訪問の意義のべましぬ」「雨もよひの雲は破れて一瞬湧き立つ驚きの声」。どちらも字余り、字足らずで声調はお世辞にもいいとはいえない。それでも収載されている（収載したのは聞き手である岩井克己の判断かもしれない）。特に一首目の「訪問の意義のべましぬ」は、徳川義寛が、あのお言葉の「言葉のアヤ」「文学方面」を熟知していたことを悟らせる。

『おほうなばら』をゆっくり読むといろいろな想念が湧き起こってくる。これが御製の力なのであろう。八百六十五首を読んで、私にとって一番の発見だった御製は昭和五十五年のある歌だった。詞書には「鎮座六十年にあたり明治天皇を偲びまつりて」とある。明治神宮鎮座六十年がこの年だった。


外つ国の人もたたふるおほみうたいまさらにおもふむそぢのまつりに

もう説明の必要もないだろうが、あえて説明すると、「外つ国の人」とはセオドア・ルーズヴェルト大統領であり、この「おほみうた」は「よもの海みなはらからと思ふ世になど波風のたちさわぐらむ」である。昭和五十五年にいたって、四十年前の御前会議のことをまざまざと思い出した御製が、『おほうなばら』に収録されているとは予想だにしていなかった。

瀕死の床で推敲を続けた御製「身はいかに」

『おほうなばら』の読書をおえるにあたって、岡野弘彦の講演「昭和天皇の御製」の中の御製制作にまつわる感動的なエピソードでしめくくりたい。

昭和六十二年の歌会始の題は「木」。昭和天皇が詠まれた御製は、
わが国のたちなほり来し年々にあけぼののすぎの木はのびにけり
昭和天皇は大変熱心ですから、歌会始の時も三十首くらいお作りになる。私は拝見して、その中の一首について、これがよろしゅうございます、と申し上げました。この調べは、いくら斎藤茂吉、北原白秋でも詠めません。上御《かみご》一人《いちにん》の御歌だけがもつ格調です。それを見事におうたいになっている。

この歌道精進は、翌年秋にも衰えることはなかった。それを岡野弘彦が伝えている。

昭和天皇が御健康がお勝れにならなくなり輸血をなさっている頃、侍従長の徳川さんが、陛下がこの歌の形をきちんと決めておきたいとおっしゃるから、といって御歌の原稿を持ってこられたことがあります。

宮内庁の便箋に昭和天皇のお手で一首の歌を八通りくらいに推敲した原稿で、拝見すると、既にもう発表なさっている、

身はいかになるともいくさとどめけりただたふれゆく民をおもひて

というあの御製です。自分の身はどうなっても構わない。ただ斃れゆく国民のことを思えば戦いを終わらざるを得ないというお気持ちを詠まれた御歌が八通りくらいに推敲されていたのです。

昭和天皇は御自分の余命をお感じになっていられたのでしょう。志高い武士が最後の思いを子々孫々に遺していく辞世と同じ御心ではないか。歌の言葉は心であり、魂です。歌の表現を推敲することは、魂そのものを推敲することです。単に言い回しを工夫するという上っ面の問題ではない。昭和天皇は御重病の中で、なお魂の深まりの推敲をなさっていたのです。

私は、既に発表なさっているこの形が一番結構だと存じます、と徳川さんに申し上げた。徳川さんは、これでお上は安心なさいますと、言って帰られた。

瀕死の床のなかで推敲を続けていたのが「身はいかに」であったことには、誰でもが感慨を覚えるだろう。聖断の歌であり、マッカーサーとの歴史的な第一回会見を彷彿とさせる歌である。

昭和天皇にとって、自らの拠り所にし、自らの支えと頼んでいたのが、この歌だったのであろう。

岡野弘彦はここで勘違いをしているが、この歌は正式には発表されていない。木下道雄によって洩らされたお歌である。であるからこそ、最後の最後まで推敲を続けていたのであろう。

「これでお上は安心なさいます」と言った徳川義寛侍従長だったが、結局、『おほうなばら』に、この「遺作」は収載されなかった。『侍従長の遺言』で語った、「これはいけない。『みはいかになるとも』が初めに来ちゃあいけない」という言葉は撤回されていない。

昭和天皇は、そのことをご存じなのだろうか。

第十章　杉山元の「御詫言上書」

「寡黙の人」徳川義寛が口を開く

昭和天皇の侍従長としては、入江相政が突出して有名だが、「よもの海」について調べているうちに、徳川義寛が入江と同じくらい重要な人物であることがわかってきた。柔と剛、公卿と武家、陽と陰、饒舌と寡黙と、ことごとく対照的な存在である。ジャーナリズムの要望に応じて次々と随筆を書きまくった入江とちがって、徳川は著作も少ない。生前に二冊、歿後に二冊である（他に私家本がある）。

生前の本は、まず戦時下の昭和十九年に座右宝刊行会から出た『独墺の美術史家』という研究書である。東大の美学美術史科を出て、ベルリン大学に留学したという経歴からわかるように、もともとは学者志望で、この本は、自らの研究をまとめたものだ。昭和四十四年に保育社カラーブックスという文庫版で出た『皇居新宮殿』は、昭和二十年五月に戦災で失われた明治宮殿のあとに新築成った新宮殿を、おもに建築、意匠、美術品などの面から解説したものである。自らを美術の専門家と自負していたのであろう。

それに対して、歿後の本は、歴史の証言者としての本である。一周忌を期して平成九（一九九七）年に出た『侍従長の遺言――昭和天皇との50年』と、平成十一年に出た『徳川義寛終戦日記』、ともに朝日新聞の皇室記者・岩井克己の尽力がなければ、おそらく本にはなっていなかったであろう。前者は岩井が最晩年の徳川に二年余、六十回にわたってインタビュー（面談）した記録をまとめたものだ。録音禁止、「あくまで質問があったことに必要の範囲で答えるのみ」という条件だった。朝日新聞にまず連載され、歿後に遺族の許可を得て、加筆の上、岩井の「聞き書き・解説」という形で上梓された。「あとがき」で、岩井は取材開始の経緯を書いている。

徳川参与【侍従長を退任したあと、侍従職参与になっていた】は毎週火曜日と木曜日だけ出勤。無類の口の重さから、記者たちからは「火木（寡黙）の人」などというあだ名を奉られていた。昔話の雑談が、本物の歴史の証言に変わっていったのは、たまたま私も読んでいた新カント派の哲学者エルンスト・カッシーラーの著書のことで話題が弾み、なにげなく「長生きした人には後世に歴史を語り伝える務めがあるのではないですか」と問いかけたころからだった。

徳川さんが語ったのは、五十余年にわたり彼の胸の奥にたたんでいた皇室の内奥の出来事や、彼自身の思いの、ほんの一部にすぎない。しかし、骨太でがっしりした歴史観と、細部をゆるがせにしない、学者気質とも職人気質とも言うべき知的誠実に満ちていた。

ドイツの哲学者エルンスト・カッシーラーの名前を出したことが、堅物の徳川義寛の心を開かせるきっかけになった。美学のみならず、新カント派の哲学や現象学に関心を寄せていた徳川にとって、カッシーラーは、若き日のベルリン留学時代からの興味の対象であった。カッシーラーの主著『シンボル形式の哲学』の新訳（全四冊）がちょうど岩波文庫から刊行中の時期だから、おそらくその本の話をしたのだろう。

昭和天皇の昭和二十年の御製「身はいかになるともいくさとどめけりただたふれゆく民をおもひて」について、勝手に無断で公開したかつての上司・木下道雄を批判し、御用掛・岡野弘彦の太鼓判が出たにもかかわらず、ついに御集『おほうなばら』に収録しなかったように、徳川は硬骨の人である。侍従職で二年先輩の入江相政についても、シビアな証言を遺している。入江侍従長、徳川侍従次長のコンビの時代が十六年間続いたが、「侍従次長は皇后さま担当と思われていたようですが、実際はそういうわけではないのよね。だって侍従長は何もしないんだから」と岩井に答えた。昭和天皇のお子さま方の結婚にも心を配っている。

> 内親王さまのご婚約のことはほとんど私がお世話した。案を立てて、決まったのをお話を進めるお世話をした。清宮《すがのみや》（島津貴子）さまと島津久永さんのお見合いは私の自宅でしていただきました。
>
> 常陸宮さまと華子さんのお見合いも私の自宅でした。津軽さん〔華子妃の父君・津軽義孝〕は私の弟ですし、家も近所。歩いて十分くらいなんです。

島津家の系統はいろいろ遺伝の問題があり、昭和天皇は気にされていた。〔宮内庁〕書陵部では、天皇、皇族の血筋や病歴、死因などは全部調べています。たとえば、孝明天皇［明治天皇の父上］の崩御については毒殺説もあるけど、私が書陵部で調べたら「天然痘」と書いてありました。

修史を意識した徳川侍従の日記

『侍従長の遺言』に続いて出版された『徳川義寛終戦日記』（御厨貴・岩井克己監修）は、私家版として少部数制作されただけで、岩井が公刊を勧めても、生前の徳川が躊躇《ためら》っていた本である。私家版は『昭和天皇実録』を編纂している宮内庁書陵部のために、自らの日記から伝記編纂に必要と思われる個所を抜粋して、提供したものである。拝謁、御召し、御進講などの動静が客観的に記された部分がほとんどで、その意味では「木戸日記」に近い無味乾燥なものではある。岩井克己が「あとがき」で、日記の読みどころについて触れている。

日ごろ、口癖のように「外に出すべきでないものは出さない」と語っていた。死後、侍従職の元同僚が、身辺や庁舎内に残された持ち物や資料類を点検、整理したが、「見事なほど何も残っていなかった」という。ご遺族も「家では宮中のことは何も語らなかった」と述懐しておられた。（略）

私家版の日記［『終戦日記』のこと］も、自分なりに編集した跡がある。その意味では一次史料ではない。私見や天皇の生の発言は、ほとんど痕跡をとどめないまでに削り込まれている。

しかし、ぎりぎりまで削ぎ落とされた記録は、読めば読むほど多くを語り始めるように思われる。

昭和天皇の数少ない御言葉の記録は、徳川が、この御言葉は残さねばいけないと考えて、特に書き記したものと思われる。修史を強く意識したもので、徳川が終戦をはさむ激動期の昭和天皇の事績や御言葉のうち、何を未来に残そうとしたかを考えながら読み進めると、得るところが多い。

例えば、昭和二十年八月二十一日の日記に、「重要書類の焼却をなす。（保管書類のために、罪になる人が出てはとの御注意から焼却、但し最小限にとどめた。）」とある。素直に読むと、臣下たちへの御仁慈で、書類の処分を命じた言葉であろう。平成二十五年八月二十三日の朝日新聞夕刊に、この記述をウラ書きする文書がスクープされた。宮内省大臣官房から出された「機密書類ノ焼却ノ件」という文書で、「各部局保管に係る文書類並に之に類する書類及び陸海軍其他より送付の各種文書類中機密に属し破棄相当と認むべきものは原簿と共に之の際全部焼却することと相成候」とあり、「陸海軍」の文書に特に注意を喚起している文面を見ると、「罪になる人が出てはとの御注意」という御仁慈とややかけ離れた指示が、宮内省から出されていたことがわかる。

十一月十二日の日記には、昭和天皇が伊勢神宮への終戦奉告のため、東海道本線を御料車で下った時の感想が記されている。「御途中戦災都市につき、こんなに焼けたのはどこまで続くのかと御言葉あり、各地徐行して窓外を御覧になったと」とある。東京大空襲のあと、三月十八日に下町地区を巡幸し、B29によって徹底的に破壊された町を見ているにもかかわらず、空襲による被害がここまでひどいことに驚き、天皇の想像を遥かに超えていたことがこの御言葉でわかる。

十二月一日には、米内光政が拝謁し、御言葉を賜わっている。「侍従長【藤田尚徳《ひさのり》】侍立御硯箱を賜る。特に御詞あり。／御政務室で御使用のものと仰せあり。／米内氏感激を語る。御礼の言葉も出ずに下りし程と侍従長語る」とあり、鈴木貫太郎内閣の海軍大臣としての終戦工作への労を慰めている。従来からいわれている天皇と米内との君臣関係を象徴するエピソードである（第五章で引用した「木戸日記」昭和二十年十二月十日にあったように、木戸は「政務室にて使用し居りたる硯」を賜わっている。米内の頂戴した硯箱とセットのものなのだろう）。

杉山元帥夫妻自決に、理由のお尋ね

こうして日記に記録された昭和天皇の数少ない御言葉の中で、私が注目したのは、九月十二日の記述であった。

終戦の日の明け方の阿南惟幾《あなみこれちか》陸軍大臣の割腹に始まって、政府や陸海軍の指導者の自決が相次いだ。昭和天皇が直接見《まみ》えた高官たちを列挙してみると、大西瀧治郎（割腹。海軍中将。軍令部次長。海軍の神風特攻の指揮官）、宇垣纏《まとめ》（飛行機による特攻。海軍中将。第五航空艦隊司令官。開戦時の聯合艦隊参謀長）、田中静壱《しずいち》（拳銃。陸軍大将。東部軍管区司令官）、東条英機（拳銃、ただし未遂）、杉山元《はじめ》（拳銃）、吉本貞一（割腹。陸軍大将。第十一方面軍司令官）、本庄繁（割腹。陸軍大将。元侍従武官長）、小泉親彦《ちかひこ》（割腹。開戦時の厚生大臣）、橋田邦彦（服毒。開戦時の文部大臣）、近衛文麿（服毒）などが、すぐに思い浮かぶ。『徳川義寛終戦日記』の昭和二十年の年末までの記述で、その死について言及されているのは三人のみ。九月十一日の東条英機、九月十二日の杉山元、十二月十六日の近衛文麿である。間違いなく大東亜戦争開戦の最重要人物の三人である。

九月十一日「東条元首相の逮捕令をマッカーサー発令す、元首相は使者に対し、応ずといい、室に入り、ピストル自殺を計り、息のあるうち種々のことを述べ、大東亜戦争は正義の戦いなりと言い、家の整理は広橋［眞光・元東条首相秘書官］に話しあるとか家事にわたり、陛下へのお詫びを申し上ぐべき所を述べず遺憾なり」

九月十二日「杉山元帥及び夫人自決す。理由おたずねあり、お上にお詫び申し上げたるなりと申し上ぐ」

十二月十六日「夜、今朝近衛文麿公服毒自殺されし旨ラジオ放送せりと」

自決のニュースを耳にした状況がそれぞれに違っているので、単純に比較するのは無理があるかもしれないが、日記の三つの記述には、歴然とした温度差がある。近衛については何の感想も記されない。東条については、忠臣・東条への疑いが記される。「陛下へのお詫びを申し上ぐべき所を述べず」。「遺憾なり」は徳川の東条評価の言である。

三人の中で、杉山元の死だけは、天皇の御言葉が記されている。特別の扱いである。杉山夫妻がなぜ自決したかとのお尋ねに、徳川は「お上にお詫び申し上げたるなり」と説明している。昭和十六年九月六日の御前会議のあと、「よもの海」の御製の解釈を「平和愛好の御精神」から「豈朕が志ならむや」という戦争容認の和歌に読み替え、その旨を昭和天皇に言上したのが杉山元ではないか、と推測している私にとっては、大変気にかかる記述である。

上聞に達した「御詫言上書」

杉山は終戦の日に「御詫言上書」を認め、自決を決意した。しかし諸般の事情で決行が延期され、九月十二日に所期の目的を達する。『杉山元帥伝』には、昭和十六年夏から四年弱にわたって副官を務めた小林四男治中佐の回想記「杉山元帥夫妻に奉仕して」が掲載されている。その中に「御詫言上書」も紹介されている。

一礼の後、私は『立派な御最期です』と元帥の耳許にささやいて、新しいハンカチを取り出して、元帥の額の大粒の汗を拭った。元帥は大きく肯いた儘《まま》息を絶った。時に昭和二十年九月十二日午後六時稍《やや》前である。翌日私は、下村〔定〕陸軍大臣に、元帥の最期を報告し、御詫言上書の上聞《じょうぶん》方を依頼した。

陛下は、元帥自決の報を耳にせられると、『又か』と、言葉少なく御嘆声を発せられたと、漏れ承る。

明治四十五年九月十三日、乃木将軍夫妻は、明治天皇崩御の後を追った。杉山元帥夫妻の死は、奇しくもその前日に当っている。乃木将軍は、辞世として、立派な歌を遺されたが、杉山元帥は、次の様な、御詫言上書と、承詔必謹の絶筆を遺された。

御詫言上書　（九月十三日上聞）

大東亜戦争勃発以来三年八ヶ月有余、或は帷幄《いあく》の幕僚長として、或は輔弼の大臣として、皇軍の要職を辱《かたじけの》うし、忠勇なる将兵の奮闘、熱誠なる国民の尽忠に拘らず、小官の不敏不徳能く其の責を全うし得ず、遂に聖戦の目的を達し得ずして戦争終結の止むなきに至り、数百万の将兵を損じ、巨億の国帑《こくど》を費し、家を焼き、家財を失い、皇国開闢以来未だ嘗て見ざる難局に擠《さい》し、国体の護持亦容易ならざるものありて、痛く宸襟を悩まし奉り、恐惶恐懼為す所を知らず。其の罪万死するも及ばず。

謹みて大罪を御詫申上ぐるの微誠を捧ぐると共に、御竜体の愈々御康寧と皇国再興の日の速《すみやか》ならんことを御祈願申上ぐ　恐惶謹言

昭和二十年八月十五日　認む

陸軍大将　杉山　元（花押）

杉山の「御詫言上書」は九月十三日に届けられている（「上聞」に達す）。徳川の日記では、前日の九月十二日に天皇の問いに答え、「お上にお詫び申し上げたるなり」と答えたことになっている。杉山が「御詫言上書」を認めているという情報を、徳川はあらかじめ入手していたのか。それとも、徳川侍従の心中に、杉山こそが陛下に「お詫び申し上げ」るべき臣下であるという認

識があったのか。そのへんははっきりしないが、徳川が「私家版日記」に杉山の自決について、昭和天皇の肉声を記録して、特別に書き残したことだけは間違いない。

小林副官の回想によると、「陛下は、元帥自決の報を耳にせられると、『又か』と、言葉少なく御嘆声を発せられたと、漏れ承る」とある。徳川の日記では、九月十三日「一一・〇三―一一・二五　陸軍大臣／一一・三〇―一一・三三　武官長［蓮沼蕃］」とあるから、これはおそらく、拝謁した下村陸相から、杉山の副官だった小林中佐に伝えられた情景であろう。「又か」という言葉は、臣下の自決の報にたびたび接している天皇の嘆声である。そのいちいちを徳川は記述せず、杉山夫妻のケースのみ、天皇の「おたずね」を日記に書き残した。

夫人も自決している高官は例がなく、誰もが当然、明治天皇に殉死した乃木希典《まれすけ》夫妻を想起する。昭和天皇にとっては、学習院初等科入学にあわせて学習院院長となって御養育にあたり、殉死の前にわざわざ山鹿素行《やまがそこう》の『中朝事実』を持参して、ひそかに別れの挨拶に訪れた乃木将軍は特別な存在であった。

杉山啓子夫人は、杉山元の三番目の妻であった。二人の夫人を結核で亡くした杉山に、やはり夫に先立たれた夫人が後添えとして入ったのである。駐在武官として杉山がインドのカルカッタに赴任した時には、啓子夫人も同行している。駐在武官が夫人を同伴することは珍しい。杉山には子がなく、昭和二十年八月末に、杉山の姪を養女に迎えたばかりだった。

「陛下が開戦は已むないがと、懇々と御訓示」

『杉山元帥伝』が刊行されたのは、昭和四十四年一月だった。それとは別に、一般向けの杉山伝が準備され、同じ年のうちに出ると予告されていた。しかし、その本は出なかった。執筆者として白羽の矢が立っていたのは、福岡県の旧制豊津中学で杉山の後輩だった小説家である。純文学作品で出発したあとジュニア小説に転じ、昭和四十四年には『おさな妻』のブームで売れっ子になり、杉山伝どころではなくなって、執筆の約束は果たされなかった。その作家とは富島健夫である。その代わりではないのだが、地味な私小説作家の島村利正が、昭和五十一年に「墓霊の声――杉山元帥の最期」を「別冊文藝春秋」に発表している。この作品は遺族、親族に取材して書かれており、二人の夫婦関係が綿密に描かれている。その中に、啓子夫人の親戚で、斎藤久子という女性が度々出てくる。小学校時代からの無二の友人で、生前の啓子夫人が何もかもを話していたからだ。以下は、日米開戦前後の頃のことである。

啓子は、神事や仏事を大切にした。杉山のふたりの前夫人の位牌も祀り、命日には果物など供えて線香をあげた。

十二月七日の朝、啓子は神棚や仏壇に向って祈った。女中たちは何も知らなかった。杉山はその夜、参謀本部へ泊ってもどってこなかった。

杉山は九月六日の御前会議のあと、飛行機で戦勝祈願のため、伊勢神宮に参拝しているが、その機上で、のちに中佐になった副官の小林四男治にこんな風に云っている。

「この開戦にあたって、陛下と国民に対する自分の責任は総理以上である。南方作戦は海軍に依存しなければならず、且つ陸軍の眼が、大陸に向いていた方向を、一挙に百八十度転換させねばならない。独伊は利用すべきも利用されてはならぬ。持久戦は非であって、速戦即決の方策に万遺漏ないことを期さなければならない」

このことは、似たような言葉で啓子も聞いている。天皇のふかい憂慮のなかではじめられたこの大戦は、杉山にとっても命をかけたものであった。海軍のハワイ攻撃や南方作戦の結果はまだ判っていなかった。啓子はこの二、三日、杉山とのながい夫婦生活が思われてならなかった。子供のなかったふたりは、杉山のいかめしい肩書とは関係なく、自分が子供になったり、杉山が子供になったりしたような気がする。

（略）……啓子は杉山を、その朝ほどつよく思ったことはない。杉山のためにも、この戦いは勝たねばならない。若し戦いに利がないような場合は、いつでも杉山のために死ねる……啓子は大東亜戦争開始のときのこの気持を、翌年の正月、斎藤久子に打明けている。

啓子夫人は愛国婦人会の活動を精力的にやっていて、その責任で自分も自決したといわれているが、斎藤久子の証言によれば、開戦の時点で、期するものがあったのである。杉山は仕事の話、それもふつうの仕事ではなく国家の枢要事も妻に話す、戦前では珍しいタイプの男だったのだ。引用部分の途中、小林副官の言葉は、『杉山元帥伝』収録の小林回想によっている。念のために、その重要部分も引用する。

開戦前の御前会議の際に、陛下が明治天皇の御製を引用され、一視同仁の大度【御製「よもの海みなはらかと」に現われる四海同胞の大御心のこと】をお示しになったことは、周知の事実である。此の御前会議の直後、参謀総長として直ちに伊勢神宮に参拝して、心から必勝を祈願した。往路の飛行機上で、元帥は私に当時の模様を感慨深く説明されながら、陛下が開戦は已むないがと、懇々御訓示を垂れられた瞬間には、冷汗三斗と言うか、恐懼感激と言うか、陛下の大慈悲心に打たれて、帷幄の幕僚長として、今更責任の重且つ大なことを感じたと、沁みじみ漏して下さった。

杉山は「御前会議の直後」、飛行機で伊勢神宮に参拝した。参拝して必勝祈願をせずにいられなかったのであろう（「外交第一、戦争準備は第二」のはずなのだが）。当時、伊勢へ行くには列車を使うのがふつうである。杉山は陸軍の飛行機を使い、タイトなスケジュールの中に無理矢理、伊勢行きを加えたのであろう。飛行機で三重県の明野《あけの》陸軍飛行学校に行き、車を伊勢神宮に走らせても、往復で丸一日の旅程は必要である。九月六日の御前会議の「直後」がいつかは特定がむずかしいが、翌九月七日は、塚田攻参謀次長、田中新一作戦部長と一緒に、翌日の「上奏文」の加筆訂正の作業にねじり鉢巻きで取り組んでいたから無理である。八日、九日、十日と上奏が続き、十一日と十三日は連絡会議である。「直後」といっても、早くて九月十二日、おそらくは十四日の日曜日だったのではないだろうか。

機中で杉山が小林副官に話した内容では、「陛下が開戦は已むないがと、懇々御訓示を垂れられた瞬間」がいつか、である。常識的に考えれば、「懇々御訓示」は、陛下が御言葉を発し、統帥部の永野と杉山を叱責し、「よもの海」を読みあげ、平和愛好の御精神を強調した御前会議の場ということになる。しかし、その場では、「陛下が開戦は已むないが」と譲歩するはずはない。

この小林副官の証言に即して考えるならば、「陛下が開戦は已むないが」と杉山に言うとしたら、上奏の場であるとした方が自然である。「開戦は已むない（豈朕が志ならむや）」とは、明治天皇の御製「よもの海」の解釈の変更を認めたということであり、おそらくその時に、「懇々御訓示を垂れられた瞬間には、冷汗三斗と言うか、恐懼感激と言うか、陛下の大慈悲心に打たれて」、杉山は必勝を期したのではないだろうか。

「其の罪万死するも及ばず」

杉山の「御詫言上書」の冒頭には、「大東亜戦争勃発以来三年八ヶ月有余」とある。杉山は、昭和十一年の二・二六事件の時、参謀次長であった。将軍たちの多くが、態度を決しかねたり、青年将校に理解を示している時点で、叛乱軍の「断固討伐」を主張した。そのため、以後、敗戦にいたるまで、陸軍中央の陽のあたる場所を歩み続けた。陸軍大臣、参謀総長、教育総監という、いわゆる陸軍三長官のポストをすべて経験し、元帥となり、最後は第一総軍司令官であった。陸軍大臣を林銑十郎、第一次近衛文麿、小磯国昭と三つの内閣で務めた。支那事変勃発時の陸相である。参謀総長としては、日米開戦を迎え、そして大東亜戦争の前半二年半の陸軍作戦の最高責任者であった。二・二六事件の余波で、大将中将の多数が現役を退いて役者不足だったこともあるが、ここまで要職を歴任したのは、昭和天皇の信任が厚かったからである。

その履歴のなかでは、「大東亜戦争勃発以来」に重く責任を感じていたことであろう。伊勢神宮への必勝祈願も空しく、日本は敗れた。終戦時の陸相阿南惟幾の遺書が、「一死以て大罪を謝し奉る」と端的、単純であるのと比べ、杉山の「御詫言上書」は、「遂に聖戦の目的を達し得なかったことを謝し、「数百万の将兵を損じ、巨億の国帑を費し、家を焼き、家財を失い」と自らの大罪を具体的に数え上げている。形式的な責任（その地位にいるがゆえの責任）ではなく、実質的な責任を負っているという自覚が滲み出ている。「其の罪万死するも及ばず」という言葉になんら誇張が感じられないのである。

責任問題に三度触れた自決二日前の夜

杉山自決の二日前の夕刻、世田谷池ノ上の杉山宅に訪客があった。元朝日新聞記者の高宮太平である。杉山と高宮は十五年来のつきあいである。高宮は軍事の手ほどきを杉山から受けた。陸軍記者としては有力な情報源であった。刀剣の趣味も共通していた。酒席もよく共にし、「俺は少年時代にはなかなかの美少年で、この秦《はた》【陸士同期の秦真次】などは俺の尻を追いまわしたものだ」といった放言も聞いている。杉山は日露戦争出征中に負傷し、右目がうまく開かなくなってしまい、容貌魁偉で通っていた。杉山の「ヨカ稚児さん」自慢まで、高宮は遺著『昭和の将帥』で披露している。

高宮は杉山について、昭和陸軍の五指には入り、派閥をつくらず、個人的にはよい先輩だったが、所詮は有能な幕僚であり、最高の地位につく器ではない、と厳しい評価を下している。「木戸内府［木戸幸一内大臣］のごとき人物が側近に奉仕して、その時、その日のことなかれ主義で事態を収拾しようと考えていたのだから、敗戦は東条が首相になったときに、すでに運命づけられていたと言ってよい」とし、永田鉄山と渡辺錠太郎《じょうたろう》がテロに斃れていなければ戦争は回避できたかもしれないと、死児の齢を数えている。

高宮は九月十日の夜、深夜一時まで杉山に引きとめられて酒の相手をした。その間に、杉山は「申しわけない、申しわけない」「責任上生きていることはできないんだ」と三度、責任問題に触れた。死を決意した人間はそんな軽はずみに死を口にしないものだと、高宮は本気にしなかった。宇都宮泰長《やすなが》の『元帥の自決――大東亜戦争と杉山元帥』によると、杉山は高宮に向って「日米開戦は正義だった。誰もが米国のいわれるままになるよりはと、火中の栗を拾うような気持ちで始めた戦争だった。その正義が邪道と思われてはならない」と述懐したという。

九月十二日夕、杉山は職場である第一総軍司令官室で、拳銃自殺を試みる。大きい身体のためか、なかなか死ねない。最後は青酸カリが口から流し込まれた。杉山自決の報を自宅で聞いた啓子夫人はかねて用意の白鞘の短刀を取り出し、六畳の仏間で、「東北の方へ向って静かにすわった。宮城も市ヶ谷もその方角であった」（「墓霊の声」）。杉山は六十五歳、夫人は五十六歳であった。

高宮太平は「あの口数の少ない、それでいていつも微笑を忘れなかった啓子夫人の男子もおよばぬりっぱな自害には、唯々頭の下るばかりである」と書いている。

第十一章　東京大空襲と歌碑「身はいかに」

小津安二郎が生まれた町で

昭和天皇の「身はいかに」の歌碑を拝見すべく、深川の富岡八幡宮に行くことにした。富岡八幡のある門前仲町には、以前は毎月必ず行っていたし、お参りも何度かしたことがある。ところが、注意力散漫なせいか、肝心のその歌碑を見落としていた。見学した記憶があるのは、本殿の脇奥にある横綱碑だけであった。富岡八幡宮は江戸時代から勧進相撲が境内で行われ、明治三十三年に巨大な横綱碑が建立された。お相撲好きの昭和天皇にとっては、もともと縁の深い場所なのである。

隅田川に架かる永代橋を渡って行けば、橋上から、昭和二十年三月十日の東京大空襲のあとの焦土が幻視できるかもしれない。そんな期待もあったのだが、寝坊してしまい、いつものように地下鉄で門前仲町駅に出た。その日は、歌碑拝見はついでであった。江東区立古石場《ふるいしば》文化センターで、小津安二郎監督の遺作『秋刀魚の味』を朗読とピアノで聞かせる「音がたり・秋刀魚の味」という中井貴恵の舞台がお目当てであった。中井貴恵は晩年の小津から実の孫のように可愛がられた人であり（中井の父の佐田啓二が実の息子のように頼りにされた）、脚本・演出は小津組のプロデューサー山内《やまのうち》静夫（小津が敬愛した白樺派の作家・里見弴《とん》の四男。里見弴は「原田熊雄日記」の文章整理に極秘で関わり、昭和十九年には、東条英機暗殺を計画した）である。

このあたりは、小津が生まれ、少年時代と少壮監督の日々を過ごしたところであり、小津橋という名の小さな橋も現存する。小津は戦前には、下町の長屋暮らしのおっさんやおかみさんを主人公にした「喜八もの」といわれる喜劇の傑作を何本も撮っていた。出演陣は飯田蝶子、坂本武、河村黎吉《れいきち》、吉川満子といった役者たちだった。小津は戦後、かれら庶民の人情が下町から消えてしまったといって、昭和二十二年の復員第一作『長屋紳士録』を最後に「喜八もの」を撮ることをやめた（最後の『長屋紳士録』も、舞台は焼け尽くされた江東地区を離れ、聖路加病院にほど近い築地に設定している）。その後の舞台は鎌倉が中心になる。小津は明治三十六（一九〇三）年生まれだから、昭和天皇の二歳年下にすぎない。同世代といっていい。

堀田善衛の昭和天皇巡幸との遭遇

作家の堀田善衛《よしえ》に『方丈記私記』という作品がある。堀田自身の空襲体験を入り口にして、二十三歳の鴨長明が京都で体験した大火災を重ね合わせ、鴨長明の人間像を探る長編エッセイである。その中に、昭和二十年のこの界隈の風景が描写されている。昭和二十年の三月十八日午前の風景である。

永代橋の途中で、私は思わず立ち止ってしまった。朝日が空の途中まで上っていたけれども、その中途半端な朝日の下に、望み見る門前仲町や洲崎弁天町や木場の多いあたりは、実に、なんにもなかった。実になんにもなくて、ずいと東に荒川放水路さえが見えそうな心地がした。平べったく、一切が焼け落ちてしまっていた。(略)

私はただぼんやりと、富岡八幡宮の境内であったところに佇立《ちょりつ》していた。境内といっても、どこに本殿があり拝殿があったのかさえ、見当がつかなかった。石の鳥居と石畳の石段などの、石のものだけがのこっていたけれども、その石といえども表面は赤茶けた色に変っていて、さわるとぼろぼろともろくこぼれ落ちた。(略)それに、猛火のはじめにこの境内へ避難したらしい人々の荷物の残骸もが、これも焼け焦げて方々にころがっていた。これをかついで来た人々は、荷物を放り出して逃げ、どこかで、おそらくはそう遠くないところで焼き殺されたものであったろう。警官と憲兵がへんに多くなり、石畳の上に散乱していた焼けのこりの鍋などを蹴散らして整理のようなことをはじめたので、私はその境内をはなれた。

これが朝の七時半ころの富岡八幡宮である。堀田はその後、行く当てもなく木場や洲崎をさまよい、九時近くにまた同じ場所へ戻ってくる。焼け跡はきれいに整理されてしまっている。そのうち、サイドカーを従えた車が砂埃をまきあげて出現する。「小豆色の、ぴかぴかと、上天気な朝日の光りを浴びて光る車のなかから、軍服に磨きたてられた長靴をはいた天皇が下りて来た。大きな勲章までつけていた」。

堀田が驚いたのは、天皇の姿ではなかった。天皇陛下の突然の出現に気づいたあたりの人間たちの反応であった。

廃墟でのこの奇怪な儀式のようなもの［大達《おおだち》茂雄内相による被害状況の御説明］が開始されたときに、あたりで焼け跡をほっくりかえしていた、まばらな人影がこそこそというふうに集って来て、それが集ってみると実は可成りな人数になり、それぞれがもっていた鳶口《とびぐち》や円匙《えんし》を前に置いて、しめった灰のなかに土下座をした、その人たちの口から出たことばについて、であった。（略）

私は方々に穴のあいたコンクリート塀の蔭にしゃがんでいたのだが、これらの人々は本当に土下座をして、涙を流しながら、陛下、私たちの努力が足りませんでしたので、むざむざと焼いてしまいました。まことに申訳ない次第でございます、生命をささげまして、といったことを、口々に小声で呟いていていたのだ。

（略）ところが責任は、原因を作った方にはなくて、結果を、つまりは焼かれてしまい、身内の多くを殺されてしまった者の方にあることになる！ そんな法外なことがどこにある！ こういう奇怪な逆転がどうしていったい起り得るのか！（略）

とはいうものの、実は私自身の内部においても、天皇に生命のすべてをささげて生きる、その頃のことばでのいわゆる大義に生きることの、戦慄をともなった、ある種のさわやかさというものもまた、同じく私自身の肉体のなかにあったのであって、この二つのものが私自身のなかで戦っていた。せめぎ合っていたのである。

むかし『方丈記私記』を読んだ時に、天皇巡幸の場面に遭遇するシーンでは、それこそ戦慄が走ったのだが、今回再読してみると、そうばかりとはいえなかった。堀田善衛は、富岡八幡のすぐそばに「知り合いの女」が住んでいたので、もう生きてはいないだろうとあきらめながら、この日、東京大空襲後初めて永代橋を渡っている。しかし、親しい女の消息を尋ねるのが空襲の八日後というのは、ちと薄情すぎやしないか。車から下りる昭和天皇の姿とは「二百メートルはなかったであろうと思われる距離」とある。近眼の堀田が、ここまでよく姿を見ることが可能なのだろうかという疑問も湧く。全体の構成が、知的で、きっちりと対比的構図が出来過ぎていることなどが気になりだした。ひょっとして、堀田善衛の小説家的潤色があるのではないか、と。

「日本ニュース」の「脱帽　天皇陛下戦災地御巡幸」

そこで本を閉じて、NHKアーカイブスの「日本ニュース」に再びお世話になる。昭和二十年三月二十二日に公開された「日本ニュース248号」は「脱帽　天皇陛下戦災地御巡幸」から始まる。

きれいに整備されたと思しい、広々とした永代通りを、サイドカーを従えた御料車が永代橋方向から現われる。車から下りた昭和天皇は、やや速めの歩調で、敬礼をしながら富岡八幡神社の石畳を進む。周囲は瓦礫の山だが、石畳はやはりきれいに片づけられている。仮テントの前に置かれた机の地図を指しながら、大達内相が被災状況を説明する。天皇は何事か質問を発しているらしく、口元が動いている。時々、付近の瓦礫の風景がインサートされる。やがて、天皇一行は同じ道を戻り、御料車は洲崎方面へと遠ざかっていく。その間、およそ一分強の映像である。

続いては「B29帝都夜間爆撃」、三月十日の東京大空襲の惨禍の映像である。ここにきて、現在の眼でみると、とても違和感を感じる。我々の常識では、約十万人が一夜にして亡くなった悲劇として東京大空襲は記憶されている。「日本ニュース」を虚心坦懐に見るならば、そうした悲惨はおよそ感じさせない。まず撃墜されたB29の残骸が執拗に映され、続いて焼跡の復興してゆく様子が次々に映し出される。「この仇必ず討つ」と書かれたポスターがアップになる。今見ると、嘘くさいことはなはだしい。焼け残った工場の外壁には「三月十二日ヨリ作業開始」と荒々しく大書されている。これも嘘くさい。

焼跡での食事の風景では、お鍋から立ち上がる湯気が暖かそうだ。映っている人々は意外と元気そうである。そうしたシーンにナレーションがかぶさる。「助ける人も、助けられる人も、不思議なほど明るい顔を輝かせていた。温かく心の底に流れる戦友愛。／特に災害地整備に軍隊の働きはめざましく、焼け跡の整備が極めて秩序整然と行われた」。復興の槌音が聞こえてくる作りになっていて、「りんごの唄」や「東京ブギウギ」がBGMで流れてきそうな錯覚にとらわれる。プロパガンダ映像の恐ろしさである。カメラアングルは念入りに選ばれ、長回しはせずに、選び抜かれたカットが積み重ねられている。こうして現実を切り取っていく編集方法は、「脱帽天皇陛下戦災地御巡幸」でも活用されているのだろう。

「鬼哭啾々の声」を聞いた朝日新聞の記事

御巡幸は、翌日の新聞でも大々的に報道された。三月十九日の朝日新聞には、富岡八幡境内を徒歩ですすむ昭和天皇の写真が大きく掲げられ、「末常卓郎記者謹記」の長文の記事とセットになっている。写真は「日本ニュース」のカメラと大体同じ位置から「謹写」されている。末常の記事によると、「御巡幸の御ことあるを洩れ承った記者は、許されて深川の富岡八幡宮の境内に鹵簿《ろぼ》をお待ち申し上げていた」。風はまだ冷たく、「焼跡の臭いがまだ生々しく鼻をついた」と、到着を待っている間の光景にかなり筆を費やしている。

朝日新聞
畏し 天皇陛下 戦災地を御巡幸
焦土に立たせ給ひ
御仁慈の大御心
機動部隊現出す

昭和20年３月19日付け朝日新聞朝刊

罹災者は大方避難すべきところへ避難してしまったので、焦土に人影はまばらだった、だがまだ鳶口を持ち、円匙で焼跡を掘っている少年、焼け木を集めて火を焚く女の姿、また避難先を変えるのであろう大きな風呂敷包を背負って行く人々の姿があった、これらすべてのものが　陛下の御目にとまるのである　天皇陛下にはこれを御覧遊ばされたいと仰出されたのである、忠誠心いまだ足らざるを恥じる身と雖も、私も　陛下の赤子、瞼は次第に熱く、人知れず足がふるえるのだった、わが身一つの感激にあらず、国民みなと分つべきもの、これを筆にせんとして成らず、罪を国民に謝すのみである

お着きになった、冷たい風、また樟《くす》の葉が鬼哭《きこく》するかの如く頭上で啾々《しゅうしゅう》と鳴った　天皇陛下には御料車から御降り立ちになった、外套も御召しになっていない、それを仰ぎ見ただけで私はもう何も見えなかった、最敬礼の頭を垂れていながら、地上の石一つも目に見えなかった、石畳の上を歩ませたまう玉歩の戛々《かつかつ》たる音のみが一つ二つと聞えるだけだった、思えば今踏ませ給う石の上にも焼夷弾の焔は狂ったのである、八日前すべてが敵の劫火に包まれていたところをわが大君は歩ませ給うのである、

ごくごく目近に天皇陛下を拝するまたとない機会に、各社とも選りすぐりの名文記者を配置したのだろう。記事の文章の調子の高さからも、そのことがわかる。末常は昭和十三年の漢口作戦に従軍し、「難行軍紀・泥と特派員」（火野葦平のベストセラー「麦と兵隊」をもじったのだろう）というけっして勇ましくない、支那事変報道の傑作記事を書いていた。玉音放送の時には皇居前広場の記事も書いている。雑感報道のエース記者である。戦後は朝日の学芸部長となり、昭和二十三年に太宰治に初の新聞連載を依頼し、その担当をする巡り合わせになった。連載十三回分しか書かれなかった遺作「グッド・バイ」である。

富岡八幡の現場取材は「最敬礼の頭を垂れ」たままの取材だから、大変である。それでも、石畳に焼夷弾を喚起させ、樟の葉の音に「鬼哭啾々」の声を聴いているのは、さすがである。東京大空襲の報道は、大本営発表の「敵機撃墜十五、損害五十」という戦果であって、死者多数が出たことは報じられていない。末常記者は死者たちの憾《うら》みの泣き声を、描写の中に忍び込ませている。巡幸の一行が境内にいた時間は五分くらいだったのではないか。その間に、「鬼哭啾々」の声は天皇陛下に聞こえたのであろうか。

この記事の見出しは「焦土に立たせ給ひ／御仁慈の大御心／一億滅敵の誓ひ新た」である。記事のリード文は、その「誓ひ」となっている。

九重の奥深くまで醜翼《しゅうよく》の羽搏《はばた》き伝わり、高射砲の轟音響きわたる皇国の危局、朝に夕に一億国民ひとしく忠誠の心いまだ足らざるを慨き悲しむ、今はたゞ伏しては不忠を詫び奉り、立っては醜《しこ》の御楯《みたて》となり、皇国三千年の歴史を太しく護り抜かんことを誓うのみである、あゝしかも、この不忠の民を不忠とも思召されず、民草憐れと思召し、垂れさせ給う大御心の畏《かしこ》さよ、十八日　天皇陛下には帝都の空襲戦災地の御巡幸を仰出されたのである、暴虐の翼いつ襲いかからんやもはかりがたきとき、民草や如何にと宸襟《しんきん》を悩ませ給い、聖駕を焦土に進めさせられたのである、かの関東大震災のみぎり、摂政殿下に在《おわ》しました　陛下には、御乗馬で自然の暴虐の跡を御巡視遊ばされた御ことがあった、いま未曾有の国難下、一天万乗の大君として神にしある御身を、敵暴虐の跡に進めさせ給うのである、民一億、この大御心に何を以て応え奉るべき、われら畏みていう言葉を知らず――

このリード文の中の「たゞ伏しては不忠を詫び」る朝日新聞は、堀田善衛が『方丈記私記』で描いた土下座して陛下に詫びる民草と同類である。多かれ少なかれ、当時の日本人の底流にこうした感情はあったのだろう（朝日の記事の方には建前を感じるが）。それにしても似過ぎている。民草に朝日新聞が影響を受けたのだろうか。そんなはずはない。末常記者の描く民草は、不意打ちの御巡幸に茫然としている。「都民も誰一人としてこの日この事あるを知らず、御通過の直前それと知り、身なりを正す暇さえなく、背にある物もそのままに、余りの畏さにその場に居すくみ、深く奉拝の頭を垂れたのである」。先ほど引用した記事の中に「鳶口」や「円匙」が点描されていたのも勘案すると、堀田善衛はこの記事を読み、影響を受けてしまったとしか思えないのだが。

鈴木貫太郎の息子が揮毫した「身はいかに」の歌碑

富岡八幡宮境内の「身はいかに」の碑は、六十数年前に昭和天皇が踏みしめた石畳の参道の脇に建てられていた。桜、モミジ、ヒマラヤ杉、珊瑚樹といった木に囲まれていて目に入りにくいが、大きな碑である。その手前には巨大な大関碑、巨人力士身長碑、強豪関脇碑、手形足形碑の群と、伊能忠敬の大きな碑があり、それらに比べるとひっそりとしている。

「身はいかになるともいくさとどめけり
　ただたふれゆく民をおもひて
　　元侍従次長　鈴木一謹書」

肉太で「謹書」している鈴木一は、昭和二十年四月に総理大臣となった鈴木貫太郎の長男で、組閣の際に、農林省山林局長を辞職し、総理大臣の秘書官に就任し、七十八歳という老齢で耳の遠くなった父の「耳」役と、テロに備えてのボディガード役を務めた。昭和天皇が東京大空襲の被災地を巡幸したのは、まだ小磯国昭内閣の時だが、終戦の御聖断を仰いだ鈴木貫太郎首相と一心同体で難局に当たった息子であるから、「謹書」するのにまことにふさわしい人物である。鈴木一は昭和二十二年からの三年間、木下道雄の後任として侍従次長をつとめた。木下は「身はいかに」の御製を著書『宮中見聞録』で公表し、普及させたあの木下道雄である。

「身はいかに」の碑は、天皇陛下御在位六十年東京都奉祝委員会によって、昭和六十一年十月二十六日に建てられている。碑の裏には「この御製は、その当時お詠みになった大御歌である。陛下の御聖徳を讃え、後世に伝えるため、ここに刻す」と説明がある。その解説に従って御製を読むと、「東京大空襲のあとに御巡幸で富岡八幡宮にまで来られて、陛下は御自身の身はどうなってもかまわない、斃れゆく多くの国民の命を救わなくてはいけないと、この場に立って終戦の決意をされ、かくて聖断は下ったのか」と深く納得することであろう。

もしも徳川義寛が富岡八幡宮に来て、この碑を見たならば、どう思ったであろうか。『『身はいかに』はいけません。これはいけない。後世に伝える御歌ではありません」と、さぞ苦々しい顔をしたことであろう。そして手前にある「巨人力士身長碑」に目を留めたら、その苦々しさは倍加したであろう。昭和六十年に建立された巨大力士身長碑は、七尺六寸（二米三十糎《センチ》）の生月鯨《いけづきげい》太左衛門《たざえもん》から六尺七寸七分の出羽ヶ嶽文治郎まで、歴代の身長ベストテン力士の大きさが一目でわかる面白い碑である。それはいいとして、碑の字を刻しているのが、「何もしない」上役だった入江相政侍従長なのである。巨大力士身長碑は大関碑と並んで明らかに悪目立ちして、参拝者の注意を御製の碑から奪っている。

徳川義寛はなぜ、「身はいかに」を昭和天皇の和歌集『おほうなばら』に収録しなかったのだろうか。昭和二十年に詠み、最晩年の病床にあっても推敲を重ねた、昭和天皇のいわば遺言のような歌であり、和歌の御用掛である岡野弘彦も「この形が一番結構だと存じます」と褒めた歌なのにである。

宮中の目で見た昭和天皇・マッカーサー会見

御製「身はいかに」の碑を建立するのにもっともふさわしい土地が、富岡八幡宮の他に、もう一か所ある。虎の門のアメリカ大使館である。昭和二十年九月二十七日、昭和天皇とマッカーサーの会見が行われた場所である。二人が並んで立っている誰もが知っている有名な写真がある。くつろいだ格好のＧＨＱ総司令官と、硬直した姿勢でカメラに向かう敗戦国の君主。その時、二人に交わされた会談について語られる物語にもっともふさわしいのもこの歌である。

『徳川義寛終戦日記』では、九月二十七日の「マッカーサー元帥邸訪問」は詳しく記されている。

御服装はモーニングコート、シルクハット、
米国大使館御着の上居間で御会話は三十五分、聯合軍最高司令官マッカーサー元帥は、日本管理についての助言をして下さるよう申し出たとのこと。(略)
米国大使館玄関にフェラーズ代将お迎えし、室内に御案内す。居間には奥村〔勝蔵〕御通訳のみ扈従《こしょう》す。記念のため写真撮影があった。最初御起立のまま御挨拶あり、元帥は十五分にわたって言上をしたと、その後お椅子をおすすめし、お寛ぎで御談話があった。終始和やかに御会話あり、お退出に当り、次室で宮相〔石渡荘太郎《いしわたそうたろう》宮内大臣〕・侍従長〔藤田尚徳〕を元帥に御紹介あり、玄関扉内まで元帥のお見送りを受けさせられた。
本日の行事は事前に発表せず、交通規制も全然行わず、御料車黒塗、供奉車《ぐぶしゃ》二両のみにて、先行車、側車を付けず、衛士隊も武官も供奉せず。

宮中の目で見ると、この歴史的会見も我々が知っている姿とまったく違ってくる。マッカーサーは天皇に「言上」し、「助言」を求めている。二人の関係は、まるで君主と臣下という上下関係である。マッカーサーの側の記録では、天皇が命乞いに現われるのかと思っていたら、戦争責任を一身に負い、いかなる処置でも受けるとした。つまり、天皇が占領軍総司令官の前に、わが身を差し出したという構図なのである。徳川義寛にとってはとても受容できない御姿なのであろう。

「身はいかに」と「国体護持」の矛盾

そうした徳川義寛の心情を踏まえて、「身はいかに」の歌を読むと、「いけません」の気持ちが想像できてくる。徳川は「身はいかに」の句が、御製のはじめにきているのが納得できない。最初から「身はいかに」の決意（結論）で御聖断が下されることはあってはならない。宮中にあっては、天皇陛下が「身はいかに」と言ってしまってはいけないのである。

それは宮中に限らず、日本の上層部——皇族、政治家、大臣、軍人、華族など——の共通理解であり、それゆえに、終戦時の唯一ともいえる条件が「国体護持」であったのだ。国体護持という条件を外せば、終戦はもっと早く実現していたことは間違いない。

東京裁判に臨む政府の大方針は前に記したように、まず何よりも、天皇陛下に責任が及ばないようにすることであった。国家弁護よりも優先しなければいけないことだった。A級戦犯と被告たちも、その方針を当然のことと受け取って法廷審理に処したのである。

侍従職にあっては、皇室の伝統を何代かにわたって身をもって知っている旧来からの侍従たちと、所詮は官僚にしか過ぎない一代限りの侍従たちの天皇観の違いがあったのであろう。前者を代表するのが徳川義寛であり入江相政であり、後者を代表するのが木下道雄や鈴木一なのである。「皇統を守る」という観念においても、両者には開きがある。退位の是非、遷都の議論、戦争責任の考え方、そのどれをとっても違い、お側近くに二種類の人種が仕えているといった感じである。前者にとっては、陛下をお護りするのは、あくまでも自分たちなのだ。

昭和天皇が、そのいずれを基盤にしていたかといえば、明らかに前者である。木下は昭和二十二年に侍従次長で退官し、鈴木一は昭和二十五年におなじく侍従次長で退官した。短期間の侍従職出仕であった。それにひきかえ、入江と徳川は終生、昭和天皇に仕えている。

富岡八幡のもうひとつの碑「天皇陛下御野立所」

富岡八幡の境内をさらに先に進むと、あまり目立たないところにもう一つ碑が建っている。「身はいかに」の碑を見おえた後だったので油断して、危うく見過ごすところだった。「天皇陛下御野立所」の碑である。

「昭和二十年三月十八日／戦災地巡幸ノ際／玉歩ヲ此処ニ駐メサセ給フ／東京都」

とあり、昭和三十五年四月二十九日の天皇誕生日建立である。「身はいかに」の碑よりも四半世紀も前に建てられている。「御野立所」とは、昭和天皇が被災地の現状について説明を受けたその場所ということである。碑の後ろには巨大な樟がひときわ高く天に伸びている。朝日の木常記者が聴いた「鬼哭啾々」の声は、この樟が発していたざわめきであろう。

神社の人の説明によると、実際の御野立所は、現在、手水舎《ちょうずしゃ》が移転されている場所だったとのことだった。

「日本ニュース」の映像を見ると、天皇の前に机がひとつ置かれている。机上に開かれた地図を指しながら、身を屈め、熱心に説明している白髪頭の老人がいる。この人が内務大臣の大達《おおだち》茂雄である。御料車が到着した時には、大鳥居の所でお迎えし、先導役をつとめ、昭和天皇が御料車に乗る際には、深々と頭を下げて見送っていた。大達内相の「謹話」が新聞に出ていた。

天皇陛下におかせられましては、空襲被害に悩む罹災者の上に深き御軫念を垂れさせ給い、空襲の都度側近の方を被害現場に御差遣遊ばされ、具《つぶさ》に視察せしめらるる御趣を洩れ承り、感激已み難きものがあったのでありますが、今朝俄《にわか》に行幸を仰出され、去る十日未明の空襲に罹災地を親しく御巡覧遊ばされました御事は、畏多きことながら　大御心を拝察し奉り、唯々《ただただ》感泣の外はありません、私はこれまで参内の都度、被害状況について奏上申上げ、その際特に救護について万全を期せよとの有難き御激励の御言葉を賜わったのでありますが本日現場で御説明申上げました際、罹災者のその後の状況、現場の処置、なかんずく被害工場の復旧、罹災工員に対する処置および罹災者の士気について御下問がありました、私は日と共に罹災者のなかから不屈の精神がたかまっておりますことを御奉答申上げましたところ　陛下には特に御満足の御模様に拝されました、民草の疾苦を其の儘に、尊き御身御自らに感じさせ給う測り難き御仁愛と、焦土に奮い起つ不屈の闘魂を臠《みそな》わせらるる御雄心とを拝し奉るに付けても、我等一億精魂の限りを尽して尊き国体を護り抜き、誓って　聖慮を安んじ奉る覚悟を新にする次第であります

「君民を裸のまま接触させることは輔弼の大臣の勤め」

御説明の感激を率直に語っている「謹話」であるが、もちろん、そのすべてが事実ではない。

大空襲の二日後に、昭和天皇より被災地巡幸の希望が内務省に伝えられた。大達内相の部下である坂信彌《さかのぶや》警視総監が、「超非常時ですから、御警衛態勢も殆どとらないで、生のままの戦災状況を御覧に入れた方が、よくはありますまいか」と提案し、「恐れ多いけれどもそれが聖天子の聖天子たる所以でもあり、君民を裸のまま接触させることは輔弼の大臣の勤めでもある。早速宮内大臣〔松平恒雄〕にお話ししてみてくれ」と大達が応じて、実現の運びになった。

このエピソードは大達茂雄伝記刊行会編の『大達茂雄』に出てくる。この伝記の筆者は元朝日新聞の名物政治記者の高宮太平である。本書の中でもすでに、東久邇内閣の書記官長として奮闘する緒方竹虎の姿と、自決前々日の杉山元の姿を、高宮の『人間緒方竹虎』と『昭和の将帥』を引用して紹介した。高宮の著書では統制派と皇道派の対立を軸に陸軍を描いた『軍国太平記』が有名だが（最近、中公文庫に入った）、高宮の筆は常に率直果敢である。大達の伝記は体裁こそ非売品の顕彰伝記であるが、「筆者のことば」は顕彰伝記には異議を呈している。

一　主人公に厚化粧させて短所、欠点は塗りつぶし、長所や取柄ばかりを誇張して具足円満の観音様か菩薩様のように仕立てるのが伝記というものなら、本書は似而非《えせ》伝記である。生のままの大達の体臭を紛紛とにおわせ「胸糞の悪くなる」ようなお世辞は一切ぬきにしている。そうしないと筆者が地獄か極楽かに行って本人〔大達のこと〕に会ったとき、仲よく遊んで貰えないからだ。遺族や生きている友人たちが文句をつけなかったことはありがたかった。

（略）

一　主人公は熱烈なる天皇教徒であった【東京帝大時代から「神ながらの道」を説く天皇中心主義の筧克彦《かけいかつひこ》教授に傾倒した】、その意味では進歩的とか革新的とかいい、或はいわれる人人とは明らかに対立する。けれども決して、所謂軍国主義者、超国家主義者、右翼反動の頑固者ではなかった。明治の中期に生れ、大正の初頭にかけて育った典型的なリベラリストであった。

大達は内務官僚出身であるから、内務大臣になって、その頂点をきわめたともいえる。しかし、大達の経歴は異色であり、「熱血ケンカ男」の生涯だった。福井県知事時代には鳩山一郎文相と対立して、辞表を出した。満洲国総務庁長時代には、泣く子も黙る関東軍と堂々と議論して愛想尽かしし、日本に戻って浪人となった。そんな経歴でも内務次官となり、シンガポール陥落後、日本統治下になって改称された昭南特別市の初代市長をつとめた。市長時代には、英人ラッフルズの銅像を取り壊せという軍の要望を蹴り、新天地を喰いものにする利権屋を容赦なく撃退した。昭和十八年七月、東京府と東京市が合併して東京都が誕生すると、初代東京都長官となった。いまの東京都知事である。昭和十九年七月、小磯内閣の内相として入閣する（そのために、戦後はスガモ・プリズンに入る。入所指定日は木戸幸一、近衛文麿と同じ昭和二十年十二月十六日である）。追放解除になると参議院議員となり、吉田茂内閣の文部大臣となった。文相となった大達の大仕事は日教組退治だった。日教組と全面対立をしてでも、教育二法を通し、文部行政を立て直すことであった。最後には死に体の第五次吉田内閣が、解散か総辞職かの瀬戸際に立った時、衆議院解散で居座りを画す吉田首相に対し引導を渡し、総辞職に持ち込んだのが、自由党副総裁になっていた緒方竹虎と大達文相だった。

大達茂雄の「世紀の警鐘」

その大達は東京都長官時代、東条内閣倒閣を目論んだ。昭和天皇に拝謁して国民生活の実情を率直に伝え、聖断を仰ごうとしたのである。高宮太平の『大達茂雄』伝は、そのクーデター未遂を伝えている。

幸に高松宮に拝謁する機会があったので「私はサイパンが攻略されるようなことがあっては、戦争は明らかに負けだと思います。これはどうしても死守せねばならぬ生命線です。このことを殿下から陛下に奏上していただけないでしょうか」と嘆願した。高松宮も大達の意見を尤もだと思われたが「陛下は首相とか陸海軍の幕僚長とか、そういう正規の筋からの奏上でなければ、御嘉納にはならない。仮令《たとえ》肉親の兄弟であっても、筋違いのことは申上げられないのだ」と仰せられる。

そこで大達は戦時下における東京都民の生活状態について奏上したいから、拝謁を仰付けられるように木戸内府【木戸幸一内大臣】に頼んだ。然し、木戸はこれを拒絶した。大達が高松宮に言上した趣旨がいつの間にか木戸の耳に入っていたのである。親任官であるから拝謁を願い出る資格はある。東京都民の生活ぶりを奏上することは何等差支はないが、大達の真意は必ずや戦局についての聖断を仰がんとするものであると感じたのである。木戸には勿論悪意はなかったであろうが、彼は平時の内大臣の職責は知っていても、国家興亡の瀬戸際にあるとき、天皇の常時輔弼の責を解することには聊《いささ》か足りないものがあったのではなかろうか。大達は所管事項に藉口《しゃこう》して国の大事を陛下に直訴することが、如何に危険なことであるかを充分承知していた。文字通り生命を賭しての直訴である。けれどもこの悲壮な決意を実行に移す機会は終に与えられず、心配していたサイパンは間もなく陥落して戦局は急速度に悪化して行った。

今にしてわれこそは戦争反対論者だったと誇示する者は多い。然し、あの東条内閣の下において顕要の地位にありながら身命を賭して国難を救わんとした者が幾人あったであろうか。志業成らずと雖も大達の心事洵に壮なりしことを痛感する。

『高松宮日記』を見ると、昭和十九年四月十七日に「〇八三〇大達長官（世紀の警鐘持参）」とある。『高松宮日記』の脚注は海軍生き残りの軍人たちが精魂を込めた、見事な出来栄えなのだが、「世紀の警鐘」は脚注では「不詳」となっている。この「世紀の警鐘」こそ、大達が心に秘めていた東条倒閣と戦争終結の建白書であろう。「世紀の警鐘」と曖昧に記述したのは、高松宮が日記に詳しく書くのをはばかったからであり、「世紀の警鐘」という表現から、高松宮が大達の計画に肯定的であったということもわかる。「持参」とは天皇に直訴する建白書の控えを持参したのではないか。

高松宮は昭和天皇に取り次ぐことを拒んだ。拒んだというより、不可能だったというほうが実相に近い。昭和十六年十一月三十日、開戦を決める御前会議が開かれんとしている前日に、高松宮は参内して、「海軍は手一杯で、出来るならば日米の戦争は避けたいのです」と申し上げ、日米戦うべからずを直訴した。昭和天皇はその直訴を取り上げず、木戸幸一内大臣と相談して、形式的に永野修身軍令部総長と嶋田繁太郎海軍大臣を呼んで、一応の再確認をしたのみですまし、予定通り、十二月八日を迎えた。高松宮は昭和天皇から遠ざけられていたのである。

大達内相の「身はいかに」

「木戸日記」の昭和十九年四月二十六日には、「二時半、大館〔大達の誤記〕都長官来庁、面談」とある。この時に、大達の「世紀の警鐘」は木戸に遮られ、天聴に達することなく終わってしまった。「木戸日記」の四月二十一日には、「二時、高松宮御来室、三時頃迄、戦局の推移、政情其他につき御話ありたり」とある。高松宮は大達の意を受けて動いたとしか考えられない記述である。一時間も話し込んでいる。高松宮が大達の名前を出したかどうかは断定できないが、木戸は高松宮の話から、倒閣の策謀あり、敗戦主義者の策動ありの感触を摑んだのであろう（四月二十一日の「高松宮日記」には木戸訪問の記述はない。それどころか、昭和十六年十一月三十日の昭和天皇への直訴の記述もない。極秘の行動は証拠を残さないために、日記には書かれないことが圧倒的に多い）。東条は木戸が強く推薦して、重臣たちの反対を押し切り、首相の座に就けた男であり、この時点では、二人は一蓮托生ともいえる盟友であった（それにしても、昭和二十年九月十一日の東条自殺未遂について、「木戸日記」にはなんら記述がない。驚きである。これは重大な秘密だから記さなかったのではないこと勿論である。東条というとっくに見限った過去の

「手駒」には一片の感情も持たないということなのだろうか)。

この大達茂雄の「世紀の警鐘」を知ったあとで、富岡八幡宮での大達内相の御説明の映像を見直すと、情景は違って見えてくる。扈従《こじゅう》する侍従や武官の固い表情に比して、大達は柔和で精彩のある表情をしている。この時、大達の胸裏には、「君民を裸のまま接触させることは輔弼の大臣の勤めでもある」と最低限の警備での被災地御巡幸を実現し、いち早い戦争終結への道を開こうと考えていたのではないか。前年の直訴計画の時にすでに大達には「身はいかに」の覚悟があった。「陛下の御英断を仰ごうというのだから、奏上が済めば辞職どころでなく、腹を切る覚悟である」と高宮太平は別の原稿では書いている。富岡八幡宮の大達には「身はいかに」の覚悟が持続していたであろう。

昭和天皇の御製「身はいかに」がいつ詠まれたかは、はっきりしていない。終戦の玉音放送が流れるまでには、被災地御巡幸からさらに五か月の歳月を要した。

第十二章　八月十五日の「よもの海」

『戦史叢書』という歴史書

　山手線の恵比寿駅周辺はすっかり変わってしまった。ガーデンヒルズがあり、代官山にも近い。すっかりお洒落な町に変貌して、かつての場末感はあまり残っていない。陽光が照りつける日、私は恵比寿駅で降りて、山手線の外側、駒沢通りの一本裏の恵比寿銀座という名の通りを歩いた。恵比寿銀座には、かつての恵比寿の匂いがまだ残っている。いくら不動産会社が開発をしても、地形を変えない限り、裏通りは健在なことが多い。両側にはコンビニ、居酒屋チェーン、ラーメン屋などがあり、その間に、質屋や酒屋がまだ営業を続けている。しばらく歩いて交差点を左折すると、目的地はすぐだった。防衛省防衛研究所。この敷地にはかつては海軍の技術研究所がおかれていた。御本家の市ヶ谷台の防衛省は、厳重な警戒態勢で受付を通るのも容易でないが、ここは身分証明書を見せなくても紙に名前や住所を書くだけで構内に入れる。昭和な雰囲気が残っている。

　ゆるやかな坂をしばらく登ると、防衛研究所の史料閲覧室がある。わが国の戦史研究のメッカであり、旧軍の史料を収集、整理し、閲覧に供している。ここで、今日は疑問のままになっている陸軍の田中新一の生史料を点検し、時間に余裕があれば、石井秋穂の生史料も見るつもりだ。

先客の老人が職員に質問している。耳が遠いのだろう、かなり大きな声だ。職員は親切にひとつひとつ答えている。老人の用件は、自分の身内が戦死した戦場を調べることらしい。父親か、それとも親族か、どちらなのだろう。前に、この部屋に調べ物に来た時も、同じような質問者がいたことを思い出した。

私が感心した『大本営陸軍部　大東亜戦争開戦経緯』全五巻の執筆者・原四郎は防衛研修所戦史室の編纂官であった。原四郎たちが勤務していた時は恵比寿に移る前で、市ヶ谷台上の隙間風が入り込む古い木造の建物が戦史室だった。戦前は陸軍将校集会所だったところだ。夕方ともなれば、戦史官となった旧陸海軍の将軍、提督の元候補者たちが、戦史や戦術や開戦経緯について、ああでもないこうでもないと熱い議論をたたかわせていた。

恵比寿の史料閲覧室の左手奥には、昭和五十五年に完結した朝雲新聞社刊の『戦史叢書』全百二巻が並べられ、いわばその一角が、この部屋の中心になっている。昭和史や戦史を専門にする人にとっては必携の叢書で、全巻を書斎や研究室に揃えている人も多い。三年ほど前に、ある年長の知人から『戦史叢書』全巻を含む昭和史資料を一括して渡そうかという話があった。自分が亡くなったら譲るから、管理して自由に使っていいというのである。ありがたいお話なのに、躊躇するものがあった。戦史にはさして興味はないし、宝の持ち腐れになってしまうだろう。だいいち蔵書を預かるスペースもない。曖昧な態度で返事を先延ばしにしていたら、さいわい話は立ち消えになった。しかし、「よもの海」について調べるようになってから、古本屋で必要な巻の端本を探したり、図書館でコピーをとったりしている。読めば得るところは多い。

強硬派・田中新一の生史料

若き日に防衛研修所（現在は防衛研究所）の編纂官だった波多野澄雄が、ここに収められた史料について紹介しているインタビュー記事がある（科学研究費成果報告書「日本近代史料情報機関設立の具体化に関する研究」）。日本近代史の史料収集をライフワークとする伊藤隆東大名誉教授らによって平成十一年に行なわれたインタビューで、当時、波多野は筑波大教授、現在は外務省の外交基礎史料を網羅的に収録する『日本外交文書』編纂委員長である。

波多野の説明によると、防衛研修所には関係者の回想録、日記、日誌、手帳、メモ類が約一万四千冊収蔵されているという。『戦史叢書』編纂のために集められたものだ。それとは別に延べ百三十人の編纂官が延べ一万三千人から二十年がかりでヒヤリングを行ない、これも執筆の基礎史料となった。国立の機関だからこそできる大規模な戦史編纂事業である。

この説明を読んでいて思い出すのは、『明治天皇紀』の編修事業である。やはり二十年がかりで、徹底した史料収集と取材が行なわれた。『明治天皇と軍事』を書いた渡辺幾治郎は編修官時代に建白書を出して、『明治天皇紀』を将来公刊すること、収集した史料は保存し、将来公開することを提言した。自分たちの編修の基礎作業を無にしてはいけない、歴史の真実を後世にしっかり伝えなくてはいけないと強く感じていたからである。その保存、公開への執念は歴史家のものだろうが、ここ防衛研究所の保存・公開については、泉下の渡辺も満足するのではないだろうか（ただしヒヤリングの手書きメモはほとんど処分されてしまったそうなので、その分は減点であろう）。

五冊分の史料請求を出して、生史料が手元に届いた。まず、田中新一の史料をチェックする。日米開戦を強硬に主張したあの田中新一である。波多野澄雄は田中新一史料については、回想録、手記が何種類もあって、どれが本物なのか判然としないこと、「業務日誌」は原本ではなくコピーで、「どうも後から貼り付けてコピーをとったと思われるところがけっこうありまして」と警戒の念を隠していない。

私の手元にきたのは「田中新一中将業務日誌」（昭和十六年八月十日〜十月八日）と「大東亜戦争への道程」という何冊もの回想録である。「業務日誌」は波多野が警戒しているコピーである。小型のノートに走り書きした覚書で、初見ではなかなか解読不能である。私がここで確認したいのは、昭和十六年九月六日の御前会議のあと、夕方に杉山元参謀総長による「仮上奏」があったか否かである。史料の由来を記した欄を見ると、この「日誌」は昭和四十三年一月に編纂官の島貫武治が原本を田中新一から借用して複製をつくり、二月に原本を返却している。島貫武治は、「仮上奏」を記述した『大本営陸軍部〈2〉』の執筆者である。つまり、この「業務日誌」が九月六日の「仮上奏」の一件の根本史料なのである。

九月六日の記述はノートで十七ページにも及ぶ。九月六日が特別な日だったことが、これでもわかる。「御前会議」とか「上奏」という字は解読できる。「九月六日決定に伴う作戦動員に関する件」という文字が「上奏」の脇に書かれている。とすると、「仮上奏」はあったのか。ただ、気になるのは、「業務日誌」の日付が、次は九月九日に飛び、七日、八日のページがないことである。特に、杉山参謀総長による上奏が行われた八日がないのは不自然である。九月六日の上奏のページの余白に、赤鉛筆で「このところの「9、6」は「9、8」の誤りと認む——井本日記参照　原（昭四四、一、一四）」とある。編纂官の原四郎の書き込みである。

続いて、田中新一がペン書きした「大東亜戦争への道程　第三部第三章」の九月六日前後を見てみることにした。これは田中が自分の業務日誌を手がかりに記憶を呼び戻して、昭和三十四年に記述したものだ。

四ページ目に「九月六日　作戦・動員に関する件上奏」という項目がある。田中はやはり九月六日夕方に上奏したと記述している。ところが、そこにも赤鉛筆で注意書きが書き込まれている。六日の「六」の字を赤で指して、「疑問・八日と推定す」とある。そこには「原（44、1、14）」とある。編纂官の原四郎が、昭和四十四年に「九月六日」という日付は間違いと断定しているのだ。先輩が執筆した原稿であり、一次史料に相当する原本に容赦なく、赤鉛筆で訂正を入れている。恐るべき自信である。

この「上奏」の具体的部分を読むと、原の自信が根拠なき自信ではないことがわかる。天皇の御下問と杉山元の奉答が記された後、以下のように続いている。

以上、御納得の模様。今後更に動員計画および作戦計画につき御説明申上げ、動員は三期にわけることにし、明後日第一次動員下令の御允裁を頂くつもり。

この動員は九月六日の御前会議決定に基づく本格的作戦準備のための本格的動員である。

しかし仲々御納得あらせられず、参謀総長苦心す。矢張り外交を主とする立前で、作戦準備が独立し却って外交の妨害にならんことに御配慮の趣と拝察す。

侍従武官府の連中、総長に好意をもたず、動員上奏に就ても批判的だとの風評あり

御下問と奉答の内容、そして引用した部分、ともに他の史料などと勘案すると、明らかに九月八日のことである（原の注記した「井本日記」とは東条陸相秘書官の井本熊男日記のこと）。田中新一が「業務日誌」に日付を間違えて記し、その間違った記述を前提に回想を書いたので、混乱したのである。数字を書き間違えるという、よくあるケアレスミスであった。

昭和二十一年に書かれた「石井秋穂大佐回想録」

一つ目の疑問は、あっさりと解決したので、残りの時間は、石井秋穂の史料にあたることにした。石井の史料も田中新一の史料に負けないくらいたくさんある。どれから読めばいいのか。波多野澄雄は前記のインタビューで、「石井秋穂大佐回想録」を、「まとまった回想録としては、旧軍の人のなかでは非常にいいものだというふうに思います」、「特に開戦前後の回想の部分は非常に有用なものですね」と高く評価している。「石井秋穂大佐回想録」は手書きのもの、それを元にしたと思われるタイプ印刷のものなどが何種類かある。オリジナルの手書きは「関東上陸地支

局」というA３の罫紙三百二十枚の力作で、昭和二十一年に執筆されている。カナ書きで読みにくく、紙質もめくりにくいので、ルール違反ではあるが、労を省いて、「昭和二十九年七月　厚生省援護局」とあるタイプ印刷のものを読み進めた。

石井秋穂は昭和十四年八月に陸軍省軍務課員となり、昭和十六年には軍務課高級課員として、重要国策の政策立案を担当していた。開戦前夜日本のベスト&ブライテストである。九月六日の御前会議で御裁可された「帝国国策遂行要領」は石井素案である。「諸方面の意向を入れて修正し他部と折衝」した上で、石井の筆になった「一案」（八月二十日作成）がまず叩き台となっている。

作成者である石井の「解説」を聞こう。念のため、もう一度、「帝国国策遂行要領」の要点を掲げながら。

一、自存自衛をまっとうするため、対米英戦争を辞せざる決意の下に、十月下旬をめどに戦争準備を完成する

（石井解説「第一項に戦争を書いた。これは外交に『不成功なら戦争だ』という気構えを与えるつもりだった。／第一項の『自存自衛』の字は戦争目的を明白にしたのである。これは文字通り『活きんがため』であった。資産凍結前の自主的広域経済圏建設の思想とは違う」）

二、戦争準備に併行して、米英に対して外交の手段を尽くし、我が国の要求貫徹に努める

（石井解説「第二項の『外交の手段を尽して』なる文句は私が格別の力こぶを入れて書いた

点であって『外交手段により』という軽い意味ではなく『外交上のありと凡ゆる手段を傾注し尽して』の意味である」）

三、十月上旬頃になってもその要求が貫徹し得る目途なき場合は、直ちに対米英開戦を決意する（石井解説「第三項の十月上旬頃……の文句は参謀本部の主張である。この国策を決定した際は万一の場合の開戦時期を十一月と予定しての結果である」。及川古志郎海相の発言で、「貫徹し得ざる時は」は「〔貫徹し得る〕目途なき場合に於ては」に修正した。「即ち本国策は此の一句で最も重大なる決心問題が棚上げされている」）

三つの本項の他に別紙がある。私は「別紙として、外交交渉で譲歩できる条件が記され、事実上外交の足枷となる高いハードルが列挙されている」と要約した。

（石井解説「別紙の条件は最初私の起草した当時は簡潔なもの〔駐兵固守ということ〕であったが揉まれている間に各方面の要望が加わって遂にあのような欲張ったものになった」）

石井の「解説」は、国策の文面や語句のいちいちに注解をほどこしてはいるが、それらの一句一句を弄んでいるにすぎない、としか私には思えない。解釈や運用の余地を最大限にするためのテクニックの披露と原案作成者の実はかくかくしかじかでという弁解にしか思えない。事後的に文面を拡大解釈している。そうとも読めるように修文したというだけではないか。霞が関の現職官僚が「石井解説」を読んだなら、もっと別の感想を持ちそうだが、法律や行政の現場では通用しても、世間の常識の世界では意味をなさない議論である。

この「石井解説」は弁解調に終始し、正直私は失望した。これが陸軍良識派といわれる人の心性なのだろうか、と。

事務方から見た九月六日の御前会議

石井の回想録の本領は、もっと別のところにあった。「事務方」から見た御前会議とはいかなるものか、ということが書かれていたのである。

九月五日昼食前後石井・種村【佐孝参謀本部戦争指導班】・藤井【茂海軍省軍務局第二課員】・小野田【捨次郎軍令部作戦課員】・稲田【周一内閣書記官】の五人で【富田健治内閣】書記官長官舎を借り御前会議の準備をした。発言の順序、席次、近衛の説明書を練った。永野氏のは彼自ら起草したものだったがテニオハをちょっと修正した。杉山・永野の説明書、杉山のは種村が元気のよい文章で起草した。ところが種村は終り頃呼び帰され杉山の用語を大分修正した。それは宮中の一件（近衛手記）があったからだ。

午后の一時私は局長室で明日の議事を報告した。その際宮中の一件が伝わった。真田【穣一郎陸軍省軍務局軍事課長】氏曰く「この非常の際参謀総長が御信任を得られないでは相すまないから人を取替えて貰わねばなりますまい」と。本国策もぼかしたものを閣議決定した。近衛が厭がった。

九月六日御前会議前約一、二時間の頃近衛急遽参内。私は木戸、近衛、原の三人で事前密議せるものと判断する。

九月五日の事務方準備を「昼食前後」にしているが、これは夕方まで続いたのではないか。そうでないと、すべての辻褄が合わなくなる。石井の回想録は、昭和二十一年に書かれている。頼りになる史料がなく、自らの記憶と日誌を手がかりに書いたのだろう。その日誌も九月五日の記述はない。したがって記憶だけである。陸海軍の課長クラスが御前会議の式次第を打ち合わせている。途中で（昼でなく夕方である）、杉山参謀総長と永野軍令部総長が宮中に呼ばれたとの情報が入る。よりによって、杉山は天皇陛下から叱責された、という。そのため、杉山の発言の文面はソフトに書き改められる。

「回想録」に残された墨塗りの自己検閲の跡

「回想録」に描かれた御前会議の様子は他の史料とだいたい重なるので、「よもの海」朗読の部分だけを抽出して、それ以外は省略し、会議終了後の様子に移る。

最後に天皇陛下は御親ら《みずか》御発言遊ばされ先ず「枢相［原嘉道枢密院議長］の質問に対し統帥部が答えないのは甚だ遺憾である」と仰せられポケットから紙を御出しになり

四方の海皆はらからと思う世に／など波風の立ちさわぐらむ

との明治天皇の御製を二度朗読あらせられ「自分は常に明治天皇の平和愛好の精神を具現した

いと思っておる」とお述べ遊ばされた。（略）
かくて「一定の条件で対米交渉を行い　一定の時期に至るも成功の目途がなければ開戦を決意する」との重大なる意義を持つ帝国国策遂行要綱【要領】は御前会議の決定を見た。帰って来た武藤氏はわれわれを呼び「戦争など飛んでもない。俺が今から読み聞かせる。」とて速記録を読んだ。そして「これは何でも彼んでも外交を妥結せよとの仰せだ。一つ外交をやらんにゃいけない」と言った。作文【石井たちが文案を練った帝国国策遂行要領】と会議の空気とは凡そ対蹠的なものだった（ここに書けないことがある）。武藤の速記録は私の金庫に入れ終戦時焼かれた由。

「よもの海」朗読のシーンは他の人たちの記述とほとんど変わりない。それではなぜ引用したかというと、第一部第三章で引用した石井秋穂の手記（昭和五十六年刊の『軍務局長武藤章回想録』所収）との違いを検討したいからだ。『武藤章回想録』では、「速記録を読んでくれた」とそっけなく書かれるだけだが、この昭和二十一年の「回想録」では、御製「よもの海」を二度朗読したこと、「平和愛好の精神」にも触れている。つまり、「よもの海」朗読についての事実が昭和二十一年の「回想録」には重要なこととして記述され、昭和五十六年刊行の手記にはすっぽりと抜けていることだ。

引用の後半では、「（ここに書けないことがある）」という一文が目を引く。武藤が速記録で御前会議の緊迫の模様を部下たちに伝え、その速記録は金庫に納められる。その間に「（ここに書けないことがある）」という何かがあったのである。石井秋穂自身は自らの記憶を自己検閲で封印した。ただし、わざわざ「（ここに書けないことがある）」と自己検閲による墨塗りの跡をはっきりと残している。そこにかえって石井の良心を感じる。

石井秋穂の昭和天皇論

石井が亡くなったのは平成八年（一九九六）だった。享年九十五だから、天寿をまっとうしたといえる。石井は戦争責任を強く感じ、郷里山口で後半生の五十年間をひっそりと暮らした。ジャーナリズムの取材を受け、顔を出したのは最晩年のＮＨＫの番組「御前会議」と「二・二六事件　消された真実」だけである。『軍務局長武藤章回想録』『原四郎追悼録』のような陸軍の先輩後輩の本には寄稿しているが、それも数えるほどしかない。といって、沈黙を守ったわけではない。防衛研究所の資料室には相当数の記録を残している。若き日の保阪正康が東条英機の評伝（『東条英機と天皇の時代』）を書き下ろしたとき、何百通もの書簡をやりとりして、保阪の質問に答え、取材に協力したのが石井だった。石井は常に、自らは積極的には語らず、「問われれば答える。問われなければ答えない」「事実はひとつ、解釈は多様」という姿勢だったという（保阪正康『陸軍良識派の研究』）。なにやら「寡黙（火木）の人」徳川義寛侍従長と朝日新聞の皇室記者・岩井克己とのやりとりを思い出す。

「（ここに書けないことがある）」には、その石井秋穂の生涯の核心部分があるのではないだろうか。この部分を泉下の石井に問いかけなければならない。「石井秋穂大佐回想録」の文面を『武藤章回想録』所収の回想と比較しながら読み直すと、「何でも彼んでも外交を妥結させよとの仰せだ」と言っていた武藤が、「天子様がお諦めになって御みずから戦争をご決意なさるまで精出さねばならぬ」という結論になってしまった九月六日昼の陸軍省軍務局での態度変更と関係があるのではないか。私は先に「武藤が報告した直後に（あるいは報告中に）、陸軍省軍務局内で、御製解釈の変更を示唆した知恵者がいたのではないか」と推測した。もし、そうだとすると……。しかし、これから先の推測は禁欲しよう。

「（ここに書けないことがある）」にこだわって石井秋穂の回想録の先を読むのがストップしてしまった。続く部分は、石井秋穂の昭和天皇論とでもいうべき部分である。昭和十六年九月六日の御前会議に関連するものなので、大切な部分を引く。

陛下は連絡会議決定の国策をくつがえされなかった。しかし空気を醸し出されて実質上矯正抑制された。輔弼とは大臣の上奏御裁可を乞うのに対し陛下が文句なしに御聴従なることになっておった。これは大正中葉頃の政党華かな頃摂政された陛下の御習慣となっていたことだろう。陛下は主権を御親らの御発言で行使されなかった。激励、勧奨、抑制は常に本例の如く行われた。（傍点は原文通り）

天皇が「空気」を醸し出していた、というのはあまり聞かれない天皇論であろう。立憲君主としての矩《のり》を越えず、しかし「空気」をつくり出して国策をリードする。その方法は臣下を「激励、勧奨、抑制」することである、と。九月六日の御前会議は「抑制」、さらにそれより強い「叱責」によって「空気」をつくり、帝国国策遂行要領を「無力化」した、といいたいのだろうか。

回想録の別の部分では「天皇陛下の御事ども」という項を立てて、もう少し明瞭にしている。ここでも「空気」という言葉を使っている。

「親政でないようで強い御親政だった」

天皇陛下は内閣の諸公が会議決定した政策を覆えしたり拒否されたりしたことはなかった。只昭和十六年九月六日の御前会議では御親らの御発言により会議の空気をお作りになり国策の文章を実質上骨抜きにされたが　それでも文章は其儘御裁可になったのである。ところが常の陛下は大臣が上奏する毎にいろいろと御注意を加えられては御拘束になり　又は御奨励御激励されることによって方向を保たれたのである。大臣達に取っては誠に重圧でありうるさかったのである。即ち御親政遊ばされないようであり、又ある意味では強い御親政のようでもあったのである。形式の上では慥《たしか》に御親政でなかった。

この石井の回想は敬語に満ちた文章の中に、「骨抜き」「重圧」「うるさかった」という世俗の言葉が侵入をしている。「御拘束」「御奨励」「御激励」を平たく言い換えた言葉であろう。石井の官僚的言語の抑制がきかなくなって、本音がポロリと顔を出した部分である。「大臣達に取っては誠に重圧でありうるさかったのである」とあるが、これは輔翼の立場にある参謀総長と軍令部総長にとっても同じだったのではないか。その「重圧」が遺憾なく発揮されたのが、杉山参謀総長と永野軍令部総長への御下問と御叱責であった。

しかし、それ以上に重要なのは「親政のようで親政でなく、親政でないようで強い親政だった。形式の上では親政ではなかった」という、まるで禅問答のような指摘であろう。石井秋穂は昭和十四年八月から十六年十一月までを陸軍省軍務局で事務方として仕えた。その間の政治と軍事のありようを、的確に表現したのが、形式の上では親政でなかったが、実際は「親政でないようで強い御親政だった」という言葉ではないだろうか。

「空気による御親政」を上回った明治天皇の御製の力

形式の上では親政ではない。つまり天皇機関説である。臣下が上げてきた国策を、立憲君主としてそのまま御嘉納になる、ということだ。しかし、実質的決定は、陛下の重圧、拘束、奨励、激励があって、「空気」が作られ、あたかも親政であるかの如くになっていく。顕教は天皇機関説で、密教が御親政という構図になる。

昭和十五年、十六年という戦争に向っていく時代。西園寺公望が亡くなって元老がいなくなり、硬骨漢の内大臣・湯浅倉平が亡くなる。その前に昭和十一年の二・二六事件で、斎藤実、高橋是清、渡辺錠太郎を失い、岡田啓介、鈴木貫太郎、牧野伸顕が圏外に去っている。二・二六事件はまた陸軍が政治を掌握する転回点であった。

昭和十年に貴族院で天皇機関説の美濃部達吉が糾弾され、葬られた時、昭和天皇は美濃部学説に賛成にして「機関説でいいではないか」と洩らしたとされている。『昭和天皇独白録』をはじめとする戦後の発言では常に、自分は立憲君主としての役割を忠実に守り、政府と軍が一致して決めてきたことは、たとえ反対であっても裁可してきたと回想し、ただ二回の例外が二・二六事件の叛乱軍討伐と終戦の聖断だったとしている。

昭和天皇の意識の中ではあるいは、それが心理的事実だったのかもしれないが、史実の森の中に入っていくと、必ずしもそうとは言い切れないのではないかという例にたびたび突き当たる。その時に、石井秋穂の「空気による御親政」論に接すると、よりよく歴史を説明しうるのは石井のほうなのではと思えてくるのである。

石井が軍務局に勤務した二年強だけが「空気による御親政」期だったのか。その前後はどうだったのか。軽々しく判断することはできないが、昭和十一年から二十年、二つの聖断をはさむこの十年間が「空気による御親政」の時代だったのか。もっとさかのぼって、五・一五事件によって「政党華かな」政党政治の時代が強制終了された時点からという可能性もありうるのか。軍部という強大な勢力に対抗していくためにも、「空気による御親政」の必要に迫られたのではないか。その一方で、軍部は「大元帥」である天皇の股肱の臣でもあったのである。

それでは、「空気」よりも、より直截であった御前会議での「よもの海」読みあげと「明治天皇の平和愛好の御精神」はなぜ、無力だったのだろうか。「空気による御親政」よりも、明治大帝の権威によって裏書きされた「御製は大御心である」のほうが、はるかに位が上だったから、というしかない。

石井秋穂の私信まで残した原四郎

　石井秋穂の史料が防衛研修所にたくさん残ったのには二つの理由があるようだ。一つは昭和二十年代という早い段階から、詳細な「回想録」を提出していたことである。もう一つは『大本営陸軍部　大東亜戦争開戦経緯』の執筆者である原四郎編纂官との交流があった。波多野澄雄が前記のインタビューで原四郎についても語っている。原は執筆にあたって使用した本やメモ、手紙などの関係書類を一括して寄贈したのだった（『明治天皇と軍事』の渡辺幾治郎ならば原四郎の史料保存を褒めるであろう）。とくに石井秋穂から原に宛てた書簡は私信であっても、戦史研究上重要なものと考えていたフシがある。二人は十年の開きがある陸軍の先輩後輩であったが、お互いに尊敬の念を持っていた。

原四郎（『大戦略なき開戦』より）

　石井の残した史料の中に、巣鴨プリズンの武藤章から石井秋穂に宛てた昭和二十二年二月七日付けの直筆の手紙があった。これは石井が原四郎に戦史執筆の参考にと提供し、原から防衛研修所に寄贈したもののひとつである。武藤と石井という昭和十六年九月六日の昼、陸軍省のキーパーソン二人の間にかわされた書簡であり、是非見なければと思った。ところが肝心の手紙は袋とじの大きな封筒の中にしまいこまれていて、見ることがかなわない。未公開で閲覧禁止になっているのだ。しばしカウンターで押し問答をし、なぜ未公開なのかを尋ねると、その答えは武藤と石井の双方の遺族の意向であるとの説明だった。防衛省の戦史室では、ほぼ五年ごとに公開するか否かの内部審査を行っているともいう。仕方がないので、方針を切り替え、別の石井史料をあたることにした。

一流の史書を一流の読み手が批判する

石井秋穂の史料の中には、太平洋戦史批評といえる一群の手紙がある。原四郎執筆の『大本営陸軍部　大東亜戦争開戦経緯』、昭和二十年に行なわれ、昭和五十一年に出版された『海軍戦争検討会議記録』、昭和三十年代の代表的な戦争史研究である『太平洋戦争への道』など、昭和史の重要著作について、石井が書いた感想、批評の手紙である。一流の史書に一流の読み手が挑戦している。へえ、こんなのがあるのかと、それらの手紙を読んでみることにした。

原四郎の著書についての感想は、昭和四十九年十一月末日と日付のある「大東亜戦争開戦経緯全五巻に対する石井秋穂陸軍大佐所見」という文書（書簡）にある。各巻が出るたびに礼状を兼ねた長文の批評と誤植の指摘である。第四巻の読後を記したハガキには、「お世辞ではなく、本当によく出来ております。小生改めて敬意を表し且つ満足に思います」とある。完結にあたっては「完璧の史書と断じ得る」と絶賛していた。その昭和四十九年十月末にしたためられた長文の所見は、なんと小学生の市販テスト用紙の裏側の白い部分に鉛筆書きしたものであった。それまでは市販の便箋や原稿用紙を使っていたのにである。テスト用紙はお孫さんが勉強をさぼって使わなかったのか、それとも学習塾でも開いて採点をしていた余りなのか。昔気質の倹約精神の賜物なのか、生活が苦しかったのか。そのあたりは石井秋穂の伝記的事実を知らないので穿鑿はできないが、なぜか微笑ましいものを感じた。

細かな点まで読み込んで、自分の意見を書き込んでいる個所も多いが、さしあたり「よもの海」に関係する箇所を探している我が身にとっては、飛ばし読みするしかない。

続いて昭和五十二年四月の「海軍戦争検討会議に対する所見」を見る。石井秋穂の回想に限らないが、陸軍軍人の回想類は概して海軍に対して厳しい。逆に、海軍は陸軍に厳しい。陸海軍の対立の根深さは戦後になっても解消できていない。石井は読後感として、「海軍は着々諸準備をした。それに符節を合せたのが九月六日の御前会議である。及川［古志郎海軍大臣］・沢本［頼雄海軍次官］・岡［敬純軍務局長］はこの政策に賛同しておきながら十月になると開戦の決意が出来なかった。逆に言えばそれなら何故九月六日の政策を阻止しなかったのかという疑問が起こる。この座談会でもこれは打ち明けられなかった」と、やはり開戦前の海軍の態度を批判している。

「一切の感情を捨てて唯真相を遺す」

昭和三十八年に書かれた「石井秋穂元大佐の角田順著『日米開戦』に関する所見」は、原四郎が史料解説で角田著を「徹底的に批判して欲しいという当室〔戦史室〕の要請により」「1ヶ月かかって」完成させた、「貴重な記述参考資料と認められる」と書いている力作である。四百字詰め原稿用紙で百十八枚もある彫心鏤骨の作である。外交史家の角田順が書いたこの『太平洋戦争への道』第七巻の主要部分「日本の対米開戦」の章は、原四郎の『大本営陸軍部　大東亜戦争開戦経緯』に匹敵する昭和史の名著ではないかと私は思っている。その本が徹底的に批判されているのだから、興味津々である。

原四郎宛ての手紙には、「小生の心境としては／真実を後世に伝えることだけが小生に残された唯一の義務である。一切の感情を捨てて唯真相を遺す／というにあり」と覚悟の披瀝があり、「右のような小生の微意をお汲み取り下され、この愚作を御焼却なさらないで後世のため戦史室の倉庫に保管しておいて下さい」と訴えている。

石井は「まえがき」で、「角田順氏の作業は優秀である。（略）あらゆる問題点を真っ正面から取り組んでおり、その観察は透徹且つ大部分痛切である」と評価する。そして角田が開戦責任を陸軍よりも海軍にあるとしたことについて、「資料を整理すれば右のような結論が生まれるのも無理がない」とした上で、石井は「『右のような〔角田の〕理論的判定を覆すことは難しいが、しかも海軍は実は戦争が恐しくて、その回避にできる限りの努力を傾けたのだ』という誠に筋道の通らぬ感傷的結論に到達」するのである、と書いている。

「白紙還元だけでは不徹底」

具体的な「所見」については、九月六日の御前会議に関する部分だけを拾い読みすることにした。

まずは九月五日夕方の処置についてである。角田順は「いったん天皇の駄目押しに賛同した以上は、杉山、永野は近衛とともに進んで『外交に重点を置く主旨』にこの決定案を書き改めるのが至当なのであったが、三者とも書き改めを敢えてなさず、そのまま翌日の御前会議を迎えたのであった」と常識的な結論を記している、石井は「同感。ただ天皇大権については当時拒否権があると為す学説もあったことは編史上考慮の要があろうことを指摘したい」とする。この部分は、在野の歴史家・大杉一雄が天皇親政説でも天皇機関説でも拒否権があるとする見解に通じるものであろう。なお、御前会議について、石井はこんな刺激的な言い方をしている。「元来御前会議なるものは憲法上認められない私生児のような機関であり、上奏は裁可を得るための御説明行為に過ぎない」。

九月六日の御前会議について、角田順は「天皇の発言に基いて空気の急変、陸軍の瞬間的天皇服従が生じたことは、すなわち戦争準備態勢をともかく一度御破算とし『白紙に還元』しうる前後ただ一回の好機なのでもあった」と九月六日の重要性を指摘した。それに対し、石井は「全く同感」としながらも、「ただ白紙還元だけでは不徹底に終ったであろう。絶対に対米戦を避けるという不可触の条件のもとに再検討するのでなければ五十歩百歩の結論が生まれたであろう」と正論を述べている。「外交優先」では足りず、「日米戦うべからず」という大原則を明言しない限り、結局は戦争に突入した、という判断である。戦後の所見とはいえ、なかなか打ち出せない論ではと感心した。石井の立論からいえば、近衛内閣が総辞職し、東条内閣が出現した時に出された「白紙還元の御諚」とは何だったのかということになる。そこでは「日米戦うべからず」ではなく、もっと曖昧な「従来の決定にとらわれることなく」国策を白紙に戻して再検討せよ、としか伝えられていないからだ。

ひとつの記憶

石井秋穂は角田順が「陸軍の瞬間的天皇服従」などと批判的に書いているのを読むうちに、「所見」に熱を帯びてきたのだろう。その続きの部分は、終戦の日の石井の個人的回想である。角田順の著書を「徹底的に批判」するという目的からははずれている。それでも書かずにおれなくなったのだろう。

角田を論破しようとするうちに、石井の脳裏にひとつの記憶が唐突に浮かび上がってきたのではないか。その文章に私は息を呑んだ。

参考のため九月六日の御前会議があの年の政策立案者たる私の頭にどのように刻まれていたかを書いておこう。

昭和二十年八月十五日朝私は陸軍軍医学校小諸分院に臥ていた。療友来り曰く「きょう正午陛下の御放送がある」と。私は即座に終戦を直感した。脚腰立たぬ私は杖をついて正午前ラジオを持つ患者の室に至り椅子に腰かけて療友らと共に時を待った。陛下の御声が流れ、「ソノ共同宣言ヲ受諾」なる御言葉を拝聴するとともに私は上半身を前に屈し顔を膝頭にくっつけたまま嗚咽した。それとともに頭一杯を占めたものは「四方の海皆はらからと思う世に…」の御製を引用されて平和愛好の旨を示された陛下の御痛わしい御境涯と、相済まなかったという自責とであった。私は四方の海の御製の句が頭から消え去ることのないまま御放送を聞き終った。政府声明などはもはや聞く気になれず自分の室へ帰ったが、ベッドの上でも四方の海が私の胸を捉えつづけた。夜に入ると看護婦は私の副室から軍刀をソッと持ち去った。

主要参考文献

昭和天皇と昭和史関係の文献は汗牛充棟なので、本文に引用するなど直接参照したものに限っている。なお、これ以外に新聞、各種事典類、ウィキペディア、ネット上の情報などにもお世話になった。

寺崎英成　マリコ・テラサキ・ミラー編著『昭和天皇独白録　寺崎英成・御用掛日記』文藝春秋　平成三年
近衛文麿『失われし政治――近衛文麿公の手記』朝日新聞社　昭和二十一年
参謀本部編『杉山メモ――大本営・政府連絡会議等筆記』（上下）原書房　昭和四十二年
野村胡堂『随筆銭形平次』旺文社文庫　昭和五十四年
半藤一利『あの戦争と日本人』文藝春秋　平成二十三年
及川古志郎生誕百周年記念誌編集委員会『及川古志郎』及川古志郎を偲ぶ会　昭和五十八年
小倉正恒伝記編纂会編『小倉正恒』小倉正恒伝記編纂会　昭和四十年
田辺治通伝記編纂会編『田辺治通』逓信協会　昭和二十八年
永野美紗子『海よ永遠に――元帥海軍大将永野修身の記録』南の風社　平成六年
藤井石童『喜寿の枢相、原嘉道翁』大東亜美術院　昭和十八年
岡沢主計『郷土の華　堀直虎・原嘉道』信毎書籍出版センター　平成十年
向井健「原嘉道の人と業績」「法学セミナー」昭和四十四年十一月号
『明治天皇御集　昭憲皇太后御集』内外書房　昭和四年
近衛文麿『平和への努力』日本電報通信社　昭和二十一年
末松謙澄『明治両陛下聖徳記　修養宝鑑』博文館　大正八年
波多野勝・黒沢文貴・斎藤聖二・桜井良樹編『海軍の外交官　竹下勇日記』芙蓉書房出版　平成十年
「竹下勇日記」国会図書館憲政資料室蔵
ジョージ・アキタ著　広瀬順晧・牛尾四良訳『大国日本　アメリカの脅威と挑戦』日本評論社　平成五年

アーサー・ロイド訳『Imperial Songs』立教学院出版　明治三十八年
昭和女子大学近代文学研究室『近代文学研究叢書　第十二巻』昭和女子大学光葉会　昭和三十四年
千葉胤明『明治天皇御製謹話』大日本雄弁会講談社　昭和十三年
恒川平一『御歌所の研究』還暦記念出版会　昭和十四年
佐佐木信綱『明治天皇御集謹解』第一書房　昭和十六年
林達夫・福田清人・布川角左衛門編『第一書房長谷川巳之吉』日本エディタースクール出版部　昭和五十九年
渡辺幾治郎『明治天皇と軍事』千倉書房　昭和十一年
大江志乃夫『御前会議――昭和天皇十五回の聖断』中公新書　平成三年
工藤美代子『近衛家　七つの謎――誰も語らなかった昭和史』ＰＨＰ研究所　平成二十一年
浅見政男『不思議な宮さま――東久邇宮稔彦王の昭和史』文藝春秋　平成二十三年
「東久邇宮日誌」防衛省防衛研究所所蔵
武藤章著　上法快男編『軍務局長武藤章回想録』芙蓉書房　昭和五十六年
朝日新聞社編『入江相政日記』（全六巻）朝日新聞社　平成二～三年
「小倉庫次侍従日記」「文藝春秋」平成十九年四月号
筧素彦『反省随想』財団法人報公会　平成二年
『原四郎追悼録』原四郎追悼録編纂刊行委員会　平成五年
戦史叢書『大本営陸軍部　大東亜戦争開戦経緯』〈4〉〈5〉（執筆者・原四郎）朝雲新聞社　昭和四十九年
原四郎『大戦略なき開戦』原書房　昭和六十二年
沢本頼雄「大東亜戦争所見」「歴史と人物　増刊　太平洋戦争―開戦秘話」昭和五十八年
戦史叢書『大本営陸軍部』〈2〉（執筆者・島貫武治）朝雲新聞社　昭和四十三年
高松宮宣仁親王『高松宮日記』（全八巻）中央公論社　平成五～七年
鳥居民『山本五十六の乾坤一擲』文藝春秋　平成二十二年
木戸日記研究会編『木戸幸一日記』（上下）東京大学出版会　昭和四十一年
新名丈夫編『海軍戦争検討会議記録――太平洋戦争開戦の経緯』毎日新聞社　昭和五十一年
阿川弘之『高松宮と海軍』中央公論社　平成六年
伊藤隆編『高木惣吉　日記と情報』（上）みすず書房　平成十二年
藤岡泰周『海軍少将高木惣吉――海軍省調査課と民間人頭脳集団』光人社　昭和六十一年

反町栄一『人間山本五十六』（上下）光和堂　昭和三十一年
武井大助『山本元帥遺詠解説』畝傍書房　昭和十八年
阿川弘之『山本五十六』（上下）新潮文庫　昭和四十八年
佐佐木信綱編『列聖珠藻』紀元二千六百年奉祝会　昭和十五年
武井大助『歌集　大東亜戦前後』紘文社　昭和十八年
広瀬彦太編『山本元帥　前線よりの書簡集』東兆書院　昭和十八年
渡辺幾治郎『史伝山本元帥』千倉書房　昭和十九年
「三和義勇日記」防衛省防衛研究所所蔵
馬場恒吾『近衛内閣史論――戦争開始の真相』高山書院　昭和二十一年
高宮太平『人間緒方竹虎』四季社　昭和三十三年
「緒方竹虎伝記編纂資料」国会図書館憲政資料室蔵
東久邇稔彦『私の記録』東方書房　昭和二十二年
杉本健『海軍の昭和史――提督と新聞記者』文藝春秋　昭和五十七年
東久邇稔彦『東久邇日記――日本激動期の秘録』徳間書店　昭和四十三年
粟屋憲太郎編『資料日本現代史2　敗戦直後の政治と社会①』大月書店　昭和五十九年
朝日新聞法廷記者団『東京裁判』（上中下）東京裁判刊行会　昭和三十七年
塩原時三郎『東条メモ――かくて天皇は救われた』ハンドブック社　昭和二十七年
嵐寛寿郎「アラカン・天皇記」「特集文藝春秋　映画読本」昭和三十二年六月
渡辺邦男「早撮り名人の秘訣」同右
奈良橋陽子・秋尾沙戸子「マッカーサーはなぜ天皇を救ったのか」「新潮45」平成二十五年八月号
一色義子『河井道と一色ゆりの物語――恵みのシスターフッド』キリスト新聞社　平成二十四年
岡本嗣郎『陛下をお救いなさいまし――河井道とボナー・フェラーズ』ホーム社　平成十四年
大蔵貢『わが芸と金と恋』東京書房　昭和三十四年
徳富蘇峰・渡辺邦男「明治の遺臣、映画をみる」「中央公論」昭和三十二年八月号
深沢七郎「風流夢譚」「中央公論」昭和三十五年十二月号
半藤一利『日露戦争史1』平凡社　平成二十四年
宮内庁編『明治天皇紀』（全十二巻・索引一巻）吉川弘文館　昭和四十三年～五十二年

堀口修「『明治天皇紀』編修と金子堅太郎」「日本歴史」平成十五年六月号
堀口修「宮内省における『明治天皇実録』の編修について――『明治天皇紀』との関連に注目して」「中央史学」31号　平成二十年
堀口修「『公刊明治天皇御紀』の編修について――特に編纂長三上参次の時期を中心として」（上下）「大倉山論集」五十四輯、五十五輯　平成二十年、二十一年
三上参次「明治天皇御紀の編纂について」「歴史教育」昭和九年二月号
渡辺幾治郎『明治史研究』楽浪書院　昭和九年
原田熊雄述『西園寺公と政局』（全八巻・別巻一）岩波書店　昭和二十五～三十一年
堀口修「『明治天皇紀』編修をめぐる宮内省臨時編修局総裁人事問題と末松謙澄」「明治聖徳記念学会紀要」復刊45号　平成二十年
西園寺公望「明治天皇御追憶記」（立命館大学西園寺公望伝編纂委員会編『西園寺公望伝』別巻二所収　岩波書店　平成九年）
大杉一雄『日米開戦への道――避戦への九つの選択肢』（上下）講談社学術文庫　平成二十年
堀口修「歴史家渡辺幾治郎について――『明治天皇紀』編修との関連から」（堀口修監修『明治天皇関係文献集』第11巻所収　クレス出版　平成十五年）
原武史「孤影を追って――『大正天皇実録』をよむ」「論座」平成十四年六月号、十五年七月号
岩壁義光「明治天皇紀編纂と史料公開・保存」「広島大学史紀要」6号　平成十六年
入江相政『オーロラ紀行』読売新聞社　昭和五十一年
高橋紘『人間　昭和天皇』（上下）講談社　平成二十三年
真崎秀樹談・読売新聞社編『側近通訳25年　昭和天皇の思い出』読売新聞社　平成四年
山本七平『昭和天皇の研究』祥伝社　平成元年
茨木のり子『詩集　自分の感受性くらい』（『茨木のり子集　言の葉2』所収　ちくま文庫　平成二十二年）
伊藤達美「天皇と靖国神社」「諸君！」平成元年三月号
木下道雄『側近日誌』文藝春秋　平成二年
加瀬英明「高松宮かく語りき」「文藝春秋」昭和五十年二月号
宮内庁侍従職編『おほうなばら　昭和天皇御製集』読売新聞社　平成二年
岡野弘彦「昭和天皇の御製」（財団法人昭和聖徳記念財団編『昭和を語る』所収　扶桑社　平成十五年）
田所泉『昭和天皇の〈文学〉』風濤社　平成十七年
木下道雄『宮中見聞録』新小説社　昭和四十三年

鈴木正男『昭和天皇のおほみうた――御製に仰ぐご生涯』展転社　平成七年
徳川義寛（聞き書き・解説　岩井克己）『侍従長の遺言――昭和天皇との50年』朝日新聞社　平成九年
板垣正『声なき声　２５０万英霊にこたえる道』原書房　昭和五十三年
徳川義寛『独墺の美術史家』座右宝刊行会　昭和十九年
徳川義寛『皇居新宮殿』保育社カラーブックス　昭和四十四年
徳川義寛（監修　御厨貴・岩井克己）『徳川義寛終戦日記』朝日新聞社　平成十一年
杉山元帥伝記刊行会編『杉山元帥伝』原書房　昭和四十四年
島村利正「墓霊の声――杉山元帥の最期」「別冊文藝春秋」１３７号　昭和五十一年九月
高宮太平『昭和の将帥』図書出版社　昭和四十八年
宇都宮泰長『元帥の自決――大東亜戦争と杉山元帥』鵬和出版　平成七年
勝田龍夫『「昭和」の履歴書』文藝春秋　平成三年
堀田善衛『方丈記私記』筑摩書房　昭和四十六年
朝日新聞百年史編修委員会編『朝日新聞社史　大正・昭和戦前編』朝日新聞社　平成三年
末常卓郎「グッド・バイのこと」（『太宰治全集第10巻』筑摩書房　平成十一年所収。初出は「朝日評論」昭和二十三年七月号）
鈴木一『天皇さまのサイン』毎日新聞社　昭和三十七年
大達茂雄伝記刊行会編『大達茂雄』大達茂雄伝記刊行会　昭和三十一年
高宮太平「熱血ケンカ男・大達茂雄」「特集文藝春秋　涼風読本」昭和三十二年八月
科学研究費成果報告書「日本近代史料情報機関設立の具体化に関する研究」（基盤研究（B）（1）、平成11・12年度、代表者伊藤隆、課題番号：11490010）より．2波多野澄雄氏
波多野澄雄「市ヶ谷台の戦史部と「戦史叢書」」「戦史研究年報」13号　平成二十二年
「田中新一中将業務日誌」「大東亜戦争への道程」「石井秋穂大佐回想録」「大東亜戦争開戦経緯全五巻に対する石井秋穂陸軍大佐所見」「海軍戦争検討会議に対する所見」「石井秋穂元大佐の角田順著『日米開戦』に関する所見」防衛省防衛研究所所蔵
保阪正康『陸軍良識派の研究』光人社　平成八年
日本国際政治学会太平洋戦争原因研究部編『太平洋戦争への道　開戦外交史7　日米開戦』朝日新聞社　昭和三十八年

あとがき

昨年の手帖で確認すると、それは一月十七日のことだった。その日がそもそもの始まりだった。四日前の大雪がまだ地面に残っているその夜、新年会を兼ねた食事を浅草でと、「新潮45」編集部の三重博一さん、風元正さん、西山奈々子さんが誘ってくれていた。ある事情があって、この一ヶ月間はほとんど家で過ごし、人にも会っていなかった。一月十七日になっても、その状況から抜け出せないようだったら、もうしわけないけれども、暮れからの約束だった新年会はキャンセルさせてもらう心づもりだった。

さいわい外出は可能となっていた。東京でお酒を飲むのは、実に一ヶ月ぶりのことだった。終始、物静かな口調で温顔を崩さない三重さん、舌鋒鋭く早口で斬りまくる風元さん、オヤジたちをモノともしない西山さんの三人と、どんな話をしたかは、ほとんど覚えていない。酒宴の途中で、この半年間、戦争中の朝日新聞の縮刷版一年半分をノートに摘記しながら読んだこと、なかでも昭和十七年三月十日の記事にもっとも驚いたことを話した（「はじめに」参照）。三重さんがすかさず、「そのことを45（「新潮45」）に書いて下さい」と言ってきた。七月に発売する八月号で戦争特集をするので、是非ということだった。

話をしている時には、その記事について何か書くなどということはまったく念頭になかった。御前会議ともなれば、主役は当然、昭和天皇であるから、昭和史のど真ん中のテーマである。いままでつまみ食いしてきた昭和史関係の断片的な知識では、とても手に負えないことはわかりきっている。それでも、せっかくの機会だからチャレンジしてみようかと思ったのは、原稿を渡すまで、まだ半年あること、原稿の長さは四百字の原稿用紙換算で二十枚〜三十枚だろうから、資料の紹介だけでも、ある程度、責を果たせる、という安心もあった。

一昨年の七月に、三重、風元、西山の「新潮45」トリオと初めてビールを飲んだ時に、ある人物について書いてみませんかと、風元さんからきり出された。それは自分にとっては余りにも重いテーマだから今は無理ですと、お断りした。それでは「新潮45」に書評を書きませんかと話は急遽、変わった。うーん、としばらく考えて、本の選択を任せてもらえるならば、と言って引き受けることにした（おそらく、書評が落としどころと三人は考えていたのではないだろうか）。

それまで、物を書くなどという大それたことは、まったく考えたこともなかった。長年、編集者として、原稿が出来上るまでの書き手の苦労と、その苦吟するさまをたくさん見てきたので、こんなに割の合わない仕事はない、と結論が出ていた。それに他人様に開陳するようなものは何もないし、本（と映画）を受容する側として、のんびりと漫読するだけで満足していた。風元さんが何を考えて、書評をと思ったのかは謎なのだが、せっかくのお誘いにのることにした。毎月の新刊書に目配りすることができるし、原稿料で本代を捻出できるぞという計算もちゃっかり働いていた。

書評を書いてみると、はじめのうちこそ苦吟の連続で、後悔の念のほうが強かった。そのうち、書評でとりあげる本をきっかけにして関連する本にも目を通したり、書くことが自分の頭の整理になったりで、それはそれで発見することがあった。そんな状態だったので、御前会議と明治天皇の御製「よもの海」を調べるのにちょうどいい機会だという判断を瞬時に行なったのだろう。

その翌日から「よもの海」についての調べにとりかかった。始めてみると、自分でも恐ろしいと思えるくらいに、次々と、新しい「事実」が芋づる式に出てくるのだった。その一連の経緯は本文に記した通りなのだが、特にYouTubeでなにげなく昭和五十年秋のホワイトハウス前の映像を見た時には、心底驚いてしまった。おそらくどんなに精力的かつ篤実に昭和天皇の事蹟を調べていっても、昭和十六年秋から昭和五十年秋への連想の飛躍はありえないだろう。それは昭和天皇とその側近に長らく奉仕した少数の侍従だけが共有していたもののようだ。

途中経過を凪元さんと西山さんに報告する頃には、どう考えても三十枚といった枚数では収まらない構想になってきた。凪元さんの「本一冊分書いたら」という挑発にのって、九月六日から十二月八日の開戦までの過程のトピックを追ってみようかと思ったのだが、結局は九月六日の周辺をうろうろするだけでも、本一冊分くらいになってしまいそうだった。約三ヶ月間の調べの後に、一ヶ月をかけてなにしろ書いてみることにした。その際に心がけたことは、誰が読んでもわかるようにすること、目に見えるように御前会議の場などを再現してみることだった（それゆえ、引用などの表記は原則として、新字新かなにしてある）。私の息子たちと同世代の西山さんに一読、納得してもらうことを目ざした。

五月中旬までに書き上げたのが、本書の第九章までの第一稿にあたる原稿で、四百字換算で三百枚以上になってしまった。二十〜三十枚の予定なのに、その十倍以上の枚数を書いてしまう図々しい筆者には、編集部が往生するであろうことは経験上わかっていたのだが、一応の結論に達するまでに必要と思える事実を書いていくと、どうしても削れないので、書くだけ書いたものを「新潮45」編集部の三人に渡し、あとはもう編集部に下駄を預けることにした。

六月になって、また三人と飲む機会があり、そこで三重さんから、百枚に縮めて一挙掲載すること、全体は本にしましょうという言葉をいただいた。風元さんが作った百枚案を参考にして、全体を削り込み、ひとりよがりなところ、わかりにくいところを西山さんから指摘してもらって、書き直した原稿が「新潮45」の八月号の戦史発掘特集に「昭和天皇と『よもの海』の謎——御製の力はいかにして封じられたか」として掲載された。月刊誌に掲載される原稿枚数が、近年ますます短くなる傾向にある中で、誌面のちょうど十分の一のスペースを一本の原稿で占拠したのだから、なんとも感謝の言葉もなかった。

原稿はその後、新潮選書編集部の中島輝尚さん、今泉眞一さんに引き継がれ、改稿を重ねつつ十二章までを書き上げたのは、十一月になっていた。原稿用紙約五百枚という長丁場を、なんとか最後まで漕ぎ着けることができたのは、自分でもまったくもって、不思議でしかたがない。最初の新聞記事の発見というきっかけにさかのぼれば、大正時代の朝日新聞の整理部長で、縮刷版発行の発案者であった杉村楚人冠《そじんかん》にまで行きつくのかもしれない。

しかし、それではあまりにも茫漠としているので、昭和史を身近に感じさせてくれた二人のお名前をあげることにしたい。半藤一利さんと鳥居民《とりいたみ》さんである。昭和五年生まれの歴史探偵と昭和四年生まれの在野の史家である二人の著書に親しみ、さらに編集者として、たくさんの雑談をうかがえたことが、どれだけありがたかったかは、はかりしれない。ほとんどは仕事がひと段落したあとの、くつろいだお酒の席でだった。

半藤さんの昔話の中には、かつて半藤さんが編集者時代に取材した旧軍人たちの言動が頻繁にあらわれた。そのほとんどが既に鬼籍に入っている人たちだから、間接的に彼ら旧軍人に取材する機会に恵まれたようなものであった。半藤さんの語りを通して知る今村均《ひとし》、小沢治三郎《じさぶろう》、辻政信、宮崎繁三郎、牟田口廉也《むたぐちれんや》、瀬島龍三、高木惣吉、大井篤、野村実など、彼らの戦後の行蔵《こうぞう》は昭和史を考えるもうひとつの鏡だった。終戦までの二十四時間を克明に描いた『日本のいちばん長い日』はいまでこそ半藤さんの著書として知られているが、昭和四十年の発刊当初は「大宅壮一編」とだけあり、大宅壮一の本として売られていた。中学生だった私は、戦史にも昭和史にも関心はないにもかかわらず、たまたま新刊書で買って読んでいる。その二年後に東宝で映画化された時にも日比谷の映画館で観ている。その映画の思い出になった時、岡本喜八監督が原作者である半藤さんに、笠智衆が演じた鈴木貫太郎首相官邸の部屋の様子、執務室の扉から椅子までの距離は何歩くらいか、昭和天皇の防空壕を備えた住まいである御文庫《おぶんこ》の見取り図、地下に下りていく階段は何ヶ所あったかなど、根掘り葉掘り質問されたという話があった。昭和十六年九月六日の御前会議の様子を原稿で書く時に、そのエピソードを思い出したので、映画化するようなつもりで、そのシーンを頭の中に再現しようと努めてみた。そうすると、重要な箇所がいくつも埋められずに、空白として残ってしまうこともわかってきた。御前会議とその前後に重要な空白があるのではないかと気づいていくのは、そうしたシミュレーションを重ねている時であった。

半藤さんの酒席は、いつもお鮨屋さんの畳の上で、日本酒を飲みながらだった。鳥居さんはといえば、横浜本牧のご自宅にうかがって、ワインを飲みながらだった。鳥居さんと向き合うテーブルの先には、書籍と資料がぎっしりと詰まった十畳ほどの書庫兼書斎が見えた。鳥居さんはこの書庫兼書斎にほとんど立て籠もって、市井の人として、昭和史執筆と現代中国ウォッチに没頭していた。そこには、鳥居さんがライフワーク『昭和二十年』執筆のために書き溜めた十六万枚のカードも収納されていた。新聞、雑誌、昭和史関係の書籍はもちろんのこと、どこで見つけてきたのかと思えるような社史や文集、非売品の自費出版本などからの情報もカードに採録されていた。そのカードのおおよそは鳥居さんの頭に入っているのだが、むしろ、その先、これだけ集めた文字資料に書かれていない空白をこそ探究するために、それらのカードはあるのだった。

「寺崎太郎（外交官）は男の子です」「服部卓四郎は男の子です」などと、鳥居さんはよく人物評を口にしていた。「男の子」という言葉には、鳥居さんの独特の価値観やニュアンスがあるようだった。その一方で、「重光葵《まもる》（外務大臣）は気持ちの悪い男です」といった好悪も飛び出してきた。外交官時代の重光が赴任先から日本の要人に送った文書を精読した上での人物鑑定であった。「みなさん、お忙しいから」というのも鳥居さんの口癖だった。「みなさん」とはアカデミズムに属する研究者やジャーナリズムで活躍する評論家を指していた。皮肉な笑いを交えてではあったが、四半世紀にわたって書き続けている『昭和二十年』の仕事が必ずしも報われていないという思いが潜んでいたのだろう。『昭和二十年』の熱烈な愛読者だった井上ひさし、丸谷才一という読書家も、『昭和二十年』完成を見ずに亡くなった。

「みなさん、お忙しいから」がまた始まると、私は、本人を目の前にして、鳥居さん、可愛いじゃないかと思ったりした。そんな不遜なことを書けるのは、昨年の一月四日に、鳥居さんが突然、亡くなったからだ。八十四歳になったばかりだった。ライフワークはついに未完で残された（亡くなる一ヶ月前に、『昭和二十年』シリーズが、多くの編集者やジャーナリストが自主的に集まって、読者の立場から毎年良書を選ぶ「いける本大賞」の第三回特別賞を受賞したことは、思いがけない喜びだったろう）。鳥居さんは会えば元気そのもの、意気軒昂で、遠からず『昭和二十年』の八月十五日までの第一部は完成すると私も疑っていなかった。新年の挨拶にそのうち伺おうと思っていた矢先の訃報だった。新年のとっておきの土産としては、朝日の縮刷版で見つけた九月六日の御前会議のコピーを用意してあった。もしその土産話を、鳥居さんに伝えていれば、もうそれで気がすんでしまい、この本を書くことにはならなかったのではないか、という思いがいまもある。

鳥居さんは、自分が育った横浜の町が焼き尽くされた昭和二十年五月二十九日の横浜大空襲は、大分県に疎開していたため、経験していない。しかし、その空襲の劫火のさまは『昭和二十年第一部＝8　横浜の壊滅』（草思社）に執拗に書き込んでいる。旧制都立七中（現、都立墨田川高校）の三年生だった半藤さんは、昭和二十年三月十日の東京大空襲をかろうじて生き延びた。

半藤少年が溺れかかった中川の橋のたもとに、半藤さんとともに写真撮影のために訪れたことがある。どんよりと曇ったその日の川べりは、なんの変哲もない風景で、B29の記憶を喚起させるものはなにもなかった。

半藤さんも鳥居さんも、日本人が体験した昭和の戦争をどうやって伝えていくかに、肝胆を砕き、多くの著作を書いている。そこから伝わってくるのは、日本人だけでも三百万以上が亡くなったあの戦争をただ悲惨な歴史として伝えるのではなく、なぜ戦争を始めてしまったのか、なぜいつまでも終戦にすることができなかったのかを、あらゆる角度から検討するという執念のようなものである。この簡単には解けない難問の一隅に、私も挑んでみたのだが、ひとつの謎が解けると、またひとつ、別の謎が浮上するという、支那事変の泥沼にはまった日本軍のような状態を呈しているような気がする。

本書の主人公は昭和天皇であるが、昭和天皇についての二人の著作には、執筆中に何度か立ち戻った。直接引用していないので参考文献には挙げなかったが、半藤さんでは「天皇と大元帥」（文春文庫『指揮官と参謀』所収）、『昭和天皇ご自身による「天皇論」』（講談社文庫）であり、鳥居さんでは『昭和二十年　第一部＝10　天皇は決意する』（草思社）である。

「あとがき」を書き記すなどという機会は、そうそうないだろうから、ついつい未練たらしく長くなってしまった。最後にもうひとつだけ。

『昭和天皇「よもの海」の謎』が新潮選書の一冊として出版されるのは、なによりもありがたいことである。私にとって新潮選書といえば、江藤淳さんの未完に終わったライフワーク『漱石とその時代』全五部だからである。今でも現役の書籍である『漱石とその時代』と書店の同じ棚に並ぶのかと思うと、なんとも面映《おもは》ゆい。昭和四十二年に刊行された『江藤淳著作集』の自筆年譜の中で既に、「傍ら新潮社より書き下しで刊行予定の漱石伝『夏目漱石とその時代』の稿を進める」とあって、ロンドン、松山、熊本への取材旅行を江藤さんは行なっている。ずっと待ち続けていた『漱石とその時代』の第一部と第二部が刊行されたのは昭和四十五年の夏で、すぐに買って読みふけった。四十四年も前のことである。

平成二十六年二月二十三日

平山周吉

〈追記〉

望外なことに、加藤陽子さんと片山杜秀さんから帯に推薦の辞をいただいた。昨夏に「新潮45」に百枚の原稿が掲載された時に、注目して下さったのが加藤さんと片山さんだった。ひょっとして、素人の妄想、自分ひとりの「発見」に過ぎないのではという一抹の不安が正直あったので、お二人の言葉に勇気づけられて、先に進むことができた。日本の近代史の書き換えを現在進行形で進めている忙しいお二人に、ゲラ刷りであらためて読んでいただき、言葉を頂戴できるとは、なんとも運のいい本である。

新潮選書

昭和《しょうわ》天皇《てんのう》「よもの海《うみ》」の謎《なぞ》

著　者……………………平山周吉《ひらやましゅうきち》

発　行……………………2014年4月25日

発行者……………………佐藤隆信
発行所……………………株式会社新潮社
〒162-8711 東京都新宿区矢来町71
電話　編集部 03-3266-5411
　　　読者係 03-3266-5111
http://www.shinchosha.co.jp
印刷所……………………大日本印刷株式会社
製本所……………………株式会社大進堂

乱丁・落丁本は、ご面倒ですが小社読者係宛お送り下さい。送料小社負担にてお取替えいたします。
価格はカバーに表示してあります。

ISBN978-4-10-603745-0 C0331